"十二五"职业教育国家规划教材

经全国职业教育教材审定委员会审定

全国铁道职业教育教学指导委员会规划教材

高等职业教育铁道交通运营管理专业课程改革系列规划教材

铁路普通货物运输

（第二版）

冯　双　谢淑润　主　编

夏　栋　副主编

中国铁道出版社

２０１７年·北京

内 容 简 介

本书为"十二五"职业教育国家规划教材、全国铁道职业教育教学指导委员会规划教材、高等职业教育铁道交通运营管理专业课程改革系列规划教材,其内容包括:散装货物运输组织,重点介绍普通货物的运输过程及货车满载等知识;裸装货物运输组织,重点介绍货物的装载方案、避免货物集重装载及货物运输费用计算方面的内容;包装货物运输组织,重点介绍货车施封、篷布苫盖及货物损失处理等方面的规定。

本教材供高等职业教育铁道交通运营管理专业教学使用,还可以供铁路货物运输相关人员学习参考。

图书在版编目(CIP)数据

铁路普通货物运输/冯双,谢淑润主编 . —2 版 . —北京:
中国铁道出版社,2015. 8 (2017.8)重印
"十二五"职业教育国家规划教材　全国铁道职业教育教学指导委员会规划教材
高等职业教育铁道交通运营管理专业课程改革系列规划教材
ISBN 978-7-113-20745-8

Ⅰ. 铁…　Ⅱ.①冯…②谢…　Ⅲ.①铁路运输—货物运输—
高等职业教育—教材　Ⅳ.①U294

中国版本图书馆 CIP 数据核字(2015)第 167385 号

书　　名:铁路普通货物运输(第二版)
作　　者:冯　双　谢淑润　主编

责任编辑:金　锋　　电话:010-51873125　　电子邮箱: jinfeng88428@163.com
编辑助理:悦　彩
封面设计:崔丽芳
责任校对:马　丽
责任印制:李　佳

出版发行:中国铁道出版社(100054,北京市西城区右安门西街 8 号)
网　　址:http://www.tdpress.com
印　　刷:北京市昌平百善印刷厂
版　　次:2012 年 8 月第 1 版　2015 年 8 第 2 版　2017 年 8 月第 3 次印刷
开　　本:787 mm×1 092 mm　1/16　印张:9.75　字数:249 千
书　　号:ISBN 978-7-113-20745-8
定　　价:21.00 元

版权所有　侵权必究

凡购买铁道版图书,如有印制质量问题,请与本社读者服务部联系调换。电话:(010)51873174(发行部)
打击盗版举报电话:市电(010)51873659,路电(021)73659,传真(010)63549480

前言 (第二版) PREFACE

本书为"十二五"职业教育国家规划教材、全国铁道职业教育教学指导委员会规划教材、高等职业教育铁道交通运营管理专业课程改革系列规划教材之一。

铁路货物运输组织是铁路运输工作的基础。读者通过对"铁路普通货物运输"课程的学习和训练,进一步掌握铁路货物运输作业过程,解决货物运输实际问题的能力和技能,提高货运管理能力和水平,从而更加安全、迅速、经济、便利地完成铁路货物运输任务。本书第一版2012年8月出版以来,得到广大学校的认可,并获批"十二五"职业教育国家规划教材。随着铁路货运的发展,有必要对全书进行修订。

本书主要包括以下几个方面内容:

1. 散装货物运输组织。通过对货物运输基本条件的认知,重点学习普通货物的运输过程及货车满载等知识。

2. 裸装货物运输组织。重点学习货物的装载方案、避免货物集重装载及货物运输费用计算等方面的内容。

3. 包装货物运输组织。重点学习货车施封、篷布苫盖及货物损失处理等方面的规定。

本教材紧扣职业教育的特点,在讲述基本专业知识的基础上,基于铁路货运工作过程组织项目教学,突出了实际操作技能的培养。为配合教学的需要,每个项目之后都配有适量的复习思考题。

本书由冯双、谢淑润任主编,夏栋任副主编。参加编写的有辽宁铁道职业技术学院冯双、张敬文,武汉铁路职业技术学院谢淑润、夏栋,柳州铁道职业技术学院李新胤,包头铁道职业技术学院左瑛等。项目及任务分工为:项目1散装货物运输组织由张敬文(任务1)、夏栋、李新胤(任务2)、谢淑润(任务3)、冯双(任务4)

编写;项目 2 裸装货物运输组织由夏栋(任务 1)、冯双(任务 2)、左瑛(任务 3)编写;项目 3 包装货物运输组织由谢淑润(任务 1、2)、冯双(任务 3)编写。

本书在编写过程中,得到了各兄弟院校的老师及现场业务人员的大力帮助,在此表示衷心感谢。尽管编者作出了很大努力,限于水平,有不妥和错误之处,恳请批评指正。

编 者

2015 年 3 月

前言(第一版)　PREFACE

根据全国铁道职业教育教学指导委员会铁道运输专业委员会会议精神和课程改革思路,将原"铁路货运组织"课程分为"铁路普通货物运输"、"铁路特殊条件货物运输"和"铁路集装运输与多式联运"三大部分。本书为《铁路普通货物运输》,是全国铁道职业教育教学指导委员会规划教材、铁道交通运营管理专业改革创新示范教材。

本教材主要包括以下几个方面内容:

(1) 散装货物运输组织。通过对货物运输基本条件的认知,重点学习普通货物的运输过程及货车满载等知识。

(2) 裸装货物运输组织。重点学习货物的装载方案、避免货物集重装载及货物运输费用计算等方面的内容。

(3) 包装货物运输组织。重点学习货车施封、篷布苫盖及货运事故处理等方面的规定。

本教材根据"以服务为宗旨、以就业为导向"的高职教育方针,紧扣"职业教育为铁道交通运营企业培养高素质技能型专门人才服务"的宗旨,本着学生带着问题和任务参与学习的教学思路,将每个项目分成多个典型工作任务,让学生在学习的过程中逐个完成任务,并能全面掌握该类货物的运输方法和过程,主要体现了以下特点:

(1)在讲述基本专业知识的基础上,基于铁路货运工作过程组织项目教学,突出了实际操作技能的培养。

(2)按国家或行业职业技能标准和实际工作岗位需要,将本课程按所运输普通货物的不同条件有针对性地组织教学。

(3)为配合教学的需要,在每个项目之后都配有适量的复习思考题,便于学生课后训练。

铁路货物运输组织是铁路运输工作的基础,铁路普通货物运输又是铁路货物运输组织工作的基础,建议在教育、教学以及学习、训练过程中,可以学习小组为单位,分不同角色,采用案例模拟工作情境的方法组织一体化教学,完成普通货物运输组织的全过程。

　　本书由辽宁铁道职业技术学院冯双、武汉铁路职业技术学院谢淑润任主编,武汉铁路职业技术学院夏栋任副主编,由辽宁、武汉、柳州、包头等铁路职业技术学院共同参与完成。具体分工如下:项目1典型工作任务1由辽宁铁道职业技术学院张敬文编写,典型工作任务2由夏栋与柳州铁道职业技术学院李新胤共同编写,典型工作任务3由谢淑润编写,典型工作任务4由冯双编写;项目2典型工作任务1由夏栋编写,典型工作任务2由冯双编写,典型工作任务3由包头铁道职业技术学院左瑛与冯双共同编写;项目3典型工作任务1、2由谢淑润编写,典型工作任务3由冯双编写。

　　本书在编写过程中,得到了各兄弟院校的老师及现场业务人员的大力帮助,在此表示衷心感谢。

　　铁道交通运营管理专业课程、教材改革和创新是一个探索和渐进的过程,设备要求和教师的认知水平都需要不断加强和提高,尽管编者做出了很大努力,限于水平,书中定有许多不妥和错误之处,恳请读者批评指正。

编　者
2014 年 2 月

目录 CONTENTS

项目 1   散装货物运输组织

项目描述

本项目主要介绍货物运输的基本条件,从法律法规的应用、整车货物作业程序及标准的执行、货物运单的填写等不同方面介绍货物运输的全过程。要求学生在项目学习后,能借助《铁路货物运输规程》、《铁路货物运输管理规则》等货运规章、铁路车站货运作业标准(TB/T 2116.2—2005)等资料,完成散装货物载重量控制及其运输组织工作。

拟实现的教学目标

1. 能力目标

(1)面对托运人独立判定铁路货物运输种类、运输条件及其运到期限。

(2)整车货物作业中人员及任务安排(即明确哪些人做哪些事)。

(3)散装货物载重量利用能力,按章装车,不超载、不亏吨、不偏重、不偏载。

2. 知识目标

(1)了解货运规章种类及货运基本条件,了解货物运输的基本流程,掌握一批和按一批的办理条件以及不得按一批办理的情况,能够正确计算货物运到期限。

(2)掌握整车货物作业程序及作业标准。

(3)掌握货车容许载重量的确定方法和散装货物划线装车方法。

3. 素质目标

具备对货运规章的基本运用能力,面对托运人能自如表达和灵活应变的职业素质,培养学生建立"货主需求至上"的理念。

典型工作任务 1   认知货物运输基本条件

1.1.1 教学目标

1. 能力目标

对货物运输基本概念有所了解,对一批的划分及办理限制有所了解,能够正确计算货物运到期限,对于发生运到逾期能够正确支付违约金。

2. 知识目标

熟练使用《铁路货物运输规程》正确计算货物运到期限,发生运到逾期正确支付违约金。

3. 素质目标

具备人民铁路为人民的职业素质,树立货主至上的理念。服务货主、方便货主,千方百计寻求让货主运货更方便、快捷的途径。

1.1.2 工作任务

【案例情况说明】 2014年10月15日锦州站按整车承运一批书籍,10月19日到达山海关站卸车,运价里程184 km,填写并审查货物运单(未给条件自拟),该批货物运到期限是几日,是否运到逾期。

【任务要求说明】 掌握货物运到期限的计算方法,能够计算不同情况下货物的运到期限,发生运到逾期能够正确支付违约金。

【重点注意事项】 在完成这一任务时,应特别注意以下问题:
(1)快运货物运到期限的计算。
(2)货物运到逾期的处理。

1.1.3 所需配备

铁路货运规章,货物运单、计算器等。

1.1.4 相关配套知识

知识点一　货运工作的基本任务及法规依据

(一)货物运输的意义

货物运输是在不同地域范围间以改变物的空间位置为目的的活动,使物发生空间位移。运输是人类社会基本活动之一,是现代生活中不可或缺的重要内容。交通运输不能有片刻的停歇,否则社会将陷于瘫痪。一个国家现代化程度越高,交通运输业越发达,地区间零售商品的差价越小,百姓会得到越多的实惠。随着运输业的飞速发展,原本宽阔的地球,已经变成了地球村。如今的消费者可以愉快的享受来自世界各地的优质的食品与物品,就是因为发达的网遍全球的货物运输体系。

(二)铁路运输的主要优点

铁路与公路、水运、航空、管道等运输方式,构成我国现代化交通运输网。铁路是国民经济的大动脉,我国内地的大宗物资和长途货物的运输,主要依靠铁路来承担。铁路纵横交错、四通八达,把首都和边疆、沿海和内地、城市和乡村紧密联系在一起。铁路运输具有以下优点:
(1)安全程度高。
(2)运送速度快。
(3)运输距离长。
(4)运输能力大。
(5)运输成本低。
(6)受天气影响小。
(7)对环境污染小,每吨公里能耗低。
因此,铁路运输是国民经济的大动脉,是交通运输网的骨干。

(三)铁路货运工作的基本任务

安全、迅速、经济、便利地完成货物运输。就是铁路以最快的速度,最少的人力、物力消耗将货物安全无损地从发站运至到站。

(四)货运工作的法规依据

1. 与铁路货物运输相关的主要法律、法规

(1)《中华人民共和国合同法》是调整横向经济关系的法律规定。

(2)《中华人民共和国铁路法》是保障铁路运输和铁路建设顺利进行的法律规定。

(3)《中华人民共和国安全生产法》是规范我国安全生产活动的基本法律。

(4)《铁路运输安全保护条例》是确保铁路安全和畅通,保护人身安全、财产安全,加强铁路运输安全管理的行政法规。

(5)《危险化学品安全管理条例》是加强危险化学品的安全管理,保障人民生命财产安全,保护环境的行政法规。

(6)《铁路货物运输合同实施细则》是以《中华人民共和国合同法》作为依据,结合铁路货物运输的特点而制定的经济法规。它是组织铁路货物运输更为直接的依据。

2. 铁路货运工作的主要规章

(1)《铁路货物运输规程》及引申的规则、办法

《铁路货物运输规程》是货物运输的基本规章,是组织铁路货物运输最为直接的依据,承运人、托运人和收货人都必须遵照执行,其引申规章主要有《铁路货物运价规则》、《铁路危险货物运输管理暂行规定》、《铁路鲜活货物运输规则》、《铁路超限超重货物运输规则》、《铁路货物装载加固规则》、《铁路货物运输计划管理暂行办法》、《货运日常工作组织办法》、《快运货物运输办法》、《铁路集装箱运输规则》、《铁路货物保价运输办法》、《铁路货物运输杂费管理办法》、《货车使用费核收暂行办法》以及根据《铁路货物运输规程》精神制定的其他办法。

(2)铁路内部货运管理规则与办法

此类规则与办法只对内部管理有效,不对托运人、收货人具有约束力,主要有《铁路货物运输管理规则》、《铁路货物损失处理规则》、《铁路集装箱运输管理办法》、《铁路货物保价运输管理办法》。

(3)国际联运规章

《国际铁路货物联运办法》适用于通过两个以上国家铁路,使用一份运送票据并以连带责任办理的直通货物运送。

(4)水陆联运规章

《铁路和水路货物联运规则》(修订版)适用于通过铁路和水路两种不同运输方式,使用一份运送票据并以连带责任办理的直通货物运送。

(5)军运规章

军运规章主要有《铁路军事运输管理办法》、《军用危险货物铁路运输管理规则》、《铁路军事运输计费付费办法》等。

(6)《铁路客货运输专刊》

《铁路客货运输专刊》是铁路总公司相关主管部门登载铁路货运法规部分修改的内容,使铁路及社会公众知晓的专刊。

(7)其他

其他还包括铁路局(集团公司)对铁路总公司规章的补充规定、局汇编、局专刊等。

知识点二　货物运输的基本条件

(一)铁路货物分类

1. 按类别分

我国铁路运输的货物,共分为28个品类,即:煤、石油、焦炭、金属矿石、钢铁及有色金属、非金属矿石、磷矿石、矿物性建材、水泥、木材、粮食、棉花、化肥及农药、盐、化工品、金属制品、工业机械、电子电气机械、农业机具、鲜活货物、农副产品、饮食烟草制品、纺织皮毛制品、纸及文教用品、医药品、其他货物、零担、集装箱。

2. 根据货物的外部形态分

根据货物的外部形态分为成件货物、大件货物和散堆装货物。

3. 按照货物对运输条件要求的不同分

按照货物对运输条件要求的不同分为按普通条件运输的货物、按特殊条件运输的货物(其中按特殊条件运输的货物包括阔大货物、危险货物和鲜活货物)。

(二)货物运输种类

根据托运货物的数量、性质、形状等条件并结合所用使用的货车,将铁路货物运输的种类划分为整车、零担和集装箱三种。

1. 整车货物运输

托运条件:一批货物的重量、体积、形状或性质需要以一辆以上货车运输的,应按整车托运。

2. 零担货物运输

(1)托运条件

不够整车运输条件的,按零担托运。目前大多数车站已经取消了零担办理业务,只在个别车站还在办理。

(2)具体条件

按零担托运的货物,一件体积最小不得小于 0.02 m^3(一件重量在 10 kg 以上的除外),每批不得超过 300 件。

(3)托运限制

下列货物不得按零担托运:

①需要冷藏、保温或加温运输的货物。

②危险货物。

③易于污染其他货物的污秽品(例如未经过消毒处理或使用密封不漏包装的牲骨、湿毛皮、粪便、炭黑等)。

④蜜蜂。

⑤不易计算件数的货物。

⑥未装容器的活动物(铁路局规定在管内可按零担运输的除外)。

⑦一件货物重量超过 2 t,体积超过 3 m^3 或长度超过 9 m 的货物(经发站确认不致影响卸车作业的除外)。

3. 集装箱运输

集装箱是一种现代化运输设备。使用集装箱进行的货物运输,称为集装箱运输,适用于运输精密、贵重、易损、怕湿货物。凡适箱货物均应采用集装箱运输。

托运条件:使用集装箱运输的货物,每批必须是同一箱型、同一箱主、同一箱态,至少一箱,最多不得超过铁路一辆货车所能装运的箱数。

(三)一　批

1. 一批的概念

铁路货物运输以批为单位。一批是铁路承运货物和计算运输费用的一个单位。

2. 按一批办理的条件

按一批托运的货物,必须托运人、收货人、发站、到站和装卸地点相同(整车分卸货物除外)。

3. 一批的划分

(1)整车货物以每车为一批,跨装、爬装及使用游车的货物,以每一车组为一批。

(2)零担货物或使用集装箱运输的货物,以每张货物运单为一批。

4. 按一批办理的限制

下列货物不得按一批托运:

(1)易腐货物与非易腐货物。

(2)危险货物与非危险货物(另有规定者除外)。

(3)根据货物的性质不能混装运输的货物。

(4)按保价运输的货物与不按保价运输货物。

(5)投保运输险货物与未投保运输险货物。

(6)运输条件不同的货物。

在特殊情况下,上述货物经铁路局承认也可按一批托运。

(四)整车运输的特殊形式

1. 整车分卸

整车分卸是整车运输的特殊形式,其目的是为了解决托运的数量不足一车又不能按零担运输的货物。由于对运输组织工作的影响较大,因此铁路对整车分卸规定了限制条件:

(1)托运的货物必须是规定不得按零担托运的货物(除蜜蜂、使用冷藏车装运需要制冷或保温的货物和不易计算件数的货物外)。

(2)货物数量不够一车。

(3)到站必须是同一径路上两个或三个车站。

(4)必须在站内卸车。

(5)在发站必须装在同一货车内,作为一批托运的货物。

2. 站界内搬运和途中装卸

站界内搬运是指货物的装卸作业均在同一车站内进行的运输。

途中装卸是指在两个车站之间的区间或在不办理货运营业的车站进行装车或卸车作业。

站界内搬运和途中装卸的办理条件是:

(1)按整车运输的货物。

(2)经月度计划核准后。

(3)在铁路局自局管内。

(4)危险货物不得办理。

(五)准、米轨整车货物直通运输

1. 定义

使用一份运输票据,跨及准轨与米轨铁路,将货物从发站直接运送至到站。

2. 限制

下列货物不办理直通运输：

(1)鲜活货物及需要冷藏、保温或加温运输的货物；

(2)罐车运输的货物；

(3)每件货物超过 5 t(特别商定者除外)，长度超过 16 m 或体积超过米轨装载限界的货物。

3. 要求

准、米轨间直通运输的整车货物，一批的重量或体积应符合下列要求：

(1)重质货物重量为 30、50、60 t；

(2)轻浮货物体积为 60、90、115 m³。

(六)国铁与地方铁路间直通运输

国铁与地方铁路间直通运输是指国家铁路与地方铁路间货物一票直通的运输。

办理直通运输的车站，国铁由铁路总公司公布在《货物运价里程表》(简称《货里表》)内；地铁为经地方铁路局提出报接轨站所在国铁铁路局同意后，由铁路总公司在《铁路客货运输专刊》公布。

(七)货物的快速运输

1. 托运人要求按快运办理的货物

托运人托运的整车、集装箱、零担的货物，除不宜按快运办理的煤、焦炭、矿石、矿建等品类的货物外，托运人要求按快运办理时，经铁路同意，可按快运办理。

2. 必须按快运办理的货物

同时符合下列三个条件的货物，必须按快运办理：

(1)发站是《快运货物运输办法》中规定的郑州、上海、南昌铁路局与广州铁路(集团)公司所辖的有关车站。

(2)到站是深圳北站。

(3)办理的货物是整车鲜活货物。

3. 快速货物列车

我国铁路开行的快运货物列车主要有"五定"班列、集装箱快运直达列车和鲜活快运直达列车三种。

(1)"五定"班列

"五定"班列，即定点(装车站和卸车站)、定线(运行线)、定车次(直达班列车次)、定时(货物运到时间)、定价(全程运输价格)的直达快运货物列车。

①"五定"班列办理的货物范围

整车货物、集装箱货物和零担货物(仅限一站直达)，但不办理水陆联运、军运后付、超限、限速运行货物和运输途中需加水的货物。

②"五定"班列的开行原则及特点

原则是管理规范化、运行客车化、服务承诺化、价格公开化。

特点有：运达快捷(日行 600～800 km，运达速度快)、手续简便(托运人可在车站一个窗口，一次办理好承运手续)、价格优惠(明码标价，档次高，价格合理，多运多优惠)、安全优质(保质保量，货物运到时间有保证，安全系数高)。

(2)集装箱快运直达列车

从 1992 年起原铁道部组织实施了定点定线集装箱快运直达列车线。

（3）鲜活货物快运直达列车

我国从 1962 年起,每天开行三趟鲜活货物快运直达列车,分别从江岸西(或长沙北)—深圳北、新龙华—深圳北和郑州北—深圳北,保证了"及时、均衡、适量、优质"地供应港澳鲜活商品的特殊需要。随着内地现代物流的蓬勃发展,供港澳鲜活产品的出口逐渐从铁路运输转向公路运输,铁路鲜活货物运输已被"五定班列"等形式替代,继续为客户服务,保证鲜活货物快速运输。

(八)货运营业办理站

货运营业办理站在《货里表》上公布。

车站的营业办理限制和起重能力主要根据《货里表》营业线里程表有关"营业办理限制"栏和"最大起重能力"栏中的规定来确定。

营业办理限制用符号表示,符号表达不尽时加注文字。常用营业办理限制符号表示如下:

⚠——站内及专用线均不办理货运营业。

㊂——仅办理专用线、专用铁路货运作业,具体办理内容另查《铁路专用线、专用铁路名称表》。

㊂——站内仅办理整车路用货物发到。

⚠——站内不办理活牲畜到达。

⚠——站内不办理怕湿货物发到。

⚠——站内不办理散堆装货物发到。

⚠——站内不办理蜜蜂发到。

危——站内办理危险货物运输,具体办理内容另查《铁路危险货物运输办理站(专用线、专用铁路)办理规定》。

以上符号中,⚠ 和 ㊂ 是对车站货运营业范围的总体描述,适用于整车、零担和集装箱。

最大起重能力栏:

又——该站配属叉车。

×t——该站最大最大起重能力为×t。

知识点三　货物运到期限

(一)货物运到期限的概念

货物运到期限是指铁路将货物由发站运至到站的最长时间限制,是根据铁路现有技术设备条件和运输工作组织水平确定的。

(二)货物运到期限的计算

货物运到期限＝货物发送期间＋货物运输期间＋特殊作业时间

（1）货物发送期间为 1 d。

（2）货物运输期间:运价里程每 250 km 或其未满为 1 d;按快运办理的整车货物,运价里程每 500 km 或其未满为 1 d。

（3）特殊作业时间:整车分卸货物,每增加一个分卸站,另加 1 d;准、米轨间直通运输的整车货物,另加 1 d。

货物的实际运到日数,从货物承运次日起算,在到站由铁路组织卸车的,至卸车完了时终止;在到站由收货人组织卸车的,至货车调到卸车地点或交接地点时终止。

（4）货物运到期限,起码为 3 d。

"五定"班列货物的运到期限按运行天数(始发日和终到日不足 24 h 的均按一天计算)加 2 d 计算。运到期限自该班列的始发日开始计算。

(三)容许运输期限

货物容许运输期限是由托运人提出的货物运输时限,承运人据此确定在规定的运到期限内该货物是否可以承运。

托运易腐货物、"短寿命"放射性货物时,应记明货物的容许运输期限。

容许运输期限至少须大于货物运到期限 3 d 方可承运。

(四)货物运到逾期

货物运到逾期是指货物的实际运到日数,超过规定的运到期限。

货物实际运到日数的计算:

起算时间从承运货物的次日(指定装车日期的,为指定装车日的次日)起算。终止时间由承运人卸车,到卸车完了时止;由收货人卸车,到货车调到卸车地点或交接地点时止。

货物运到逾期,承运人应按所收运费的百分比,向收货人支付违约金。

一般货物运到逾期支付违约金占运费比例见表 1.1。

表 1.1 运到逾期违约金比例(一)

违约金 / 逾期总日数 / 运到期限	1 d	2 d	3 d	4 d	5 d	6 d 以上
3 d	15%	20%				
4 d	10%	15%	20%			
5 d	10%	15%	20%			
6 d	10%	15%	15%	20%		
7 d	10%	10%	15%	20%		
8 d	10%	10%	15%	15%	20%	
9 d	10%	10%	15%	15%	20%	
10 d	5%	10%	10%	15%	15%	20%

货物运到期限在 11 d 以上,发生运到逾期时,按表 1.2 规定计算违约金。

表 1.2 运到逾期违约金支付比例(二)

逾期总日数占运到期限天数比例	违约金占运费的比例
不超过 1/10 时	5%
超过 1/10,但不超过 3/10 时	10%
超过 3/10,但不超过 5/10 时	15%
超过 5/10 时	20%

快运货物运到逾期:除按表 1.3 规定退还快运费外,货物运输期间按每 250 km 运价里程或其未满为 1 d,计算运到期限仍超过时,应按上述规定,向收货人支付违约金。

"五定"班列运输货物运到逾期:除因不可抗力外,到站在运到期限满日前因承运人责任不能交付货物的,由到站在交付的同时使用车站退款证明书向收货人支付违约金,每逾期 1 d 为快运费的 50%;自第 3 d 起(未收快运费的自第 1 d 起)按以上运到期限的规定计算。

表 1.3　退还货物快运费比例

发到站间运输里程	超过运到期限天数	退还货物快运费
1 801 km 以上	1 d	30%
	2 d	60%
	3 d 以上	100%
1 201～1 800 km	1 d	50%
	2 d 以上	100%
1 200 km 以下	1 d 以上	100%

【例 1.1】　某站承运 20 ft 集装箱一件,运价里程 1 268 km,6 月 24 日承运,7 月 4 日运到卸完。要求:

(1)计算货物运到期限。

(2)该货物应于何日运到卸完?

(3)该货物是否逾期? 逾期了几日?

(4)如收货人卸车当日领取货物,到站应如何处理?

【解】　(1)$T=T_发+T_运+T_特=1+1\ 268/250+1=7(d)$

(2)应于 7 月 1 日运到卸完。

(3)逾期:逾期 3 日。

(4)到站应按所收运费的 15% 向收货人支付违约金。

不支付违约金的货物:超限、限速运行和免费运输的货物以及货物全部灭失;从铁路发出催领通知的次日起(不能实行催领通知或会同收货人卸车的货物为卸车的次日起),如收货人在 2 d 内未将货物领出,即失去要求铁路支付违约金的权利。

(五)货物滞留时间

在运输过程中,由于下列原因之一造成的滞留时间,应从实际运到日数中扣除:

(1)因不可抗力的原因引起的。

(2)由于托运人的责任致使货物在途中发生换装、整理所产生的。

(3)因托运人或收货人要求运输变更产生的。

(4)其他非承运人的责任发生的。

上述情况均为非承运人原因造成的滞留,发生滞留的车站,应在货物运单"承运人记载事项"栏内记明滞留时间和原因。到站应将各种情况所发生的滞留时间加总,加总后不足 1 d 的尾数进整为 1 d。

1.1.5　知识拓展——直达运输和成组装车

直达列车和成组装车计划是月度货运计划的一个重要组成部分。

1. 直达运输

直达运输是按规定的牵引重量和长度,由装车站或编组站编成通过一个及其以上编组站(包括有作业的区段站)不进行改编的列车所进行的货物运输。

直达列车按组织地点和方式分为:装车地组织的始发直达列车和技术站组织的技术直达列车。从货运组织的角度,主要考虑装车地组织的始发直达列车。

2. 成组装车

成组装车是指一个车站装车 5 辆以上,连挂在一起,同一列车挂出,到达一个车站卸车的车组;如果条件不足,可组织通过一个以上编组站不进行改编作业到达几个卸车站的车组。

成组装车可以减少编组站改编作业,减少装卸地点取送甩挂次数,加速车辆周转和缩短摘挂列车旅行时间。

1.1.6 相关规范、规程与标准

《铁路货物运输规程》《铁路货物运输管理规则》。

典型工作任务 2 组织货物发送、途中、到达作业

1.2.1 教学目标

1. 能力目标

整车货物作业中人员及任务安排(即明确哪些人做哪些事)。

2. 知识目标

(1)掌握整车货物发送、途中、到达作业程序及作业标准。

(2)熟悉运单、货票填写要求。

3. 素质目标

具备按规章作业的基本职业素质。

1.2.2 工作任务

【案例情况说明】 2014 年 9 月 18 日,某托运人在通辽站将一批散装玉米发往蚌埠东站,使用 1 辆 K_{17} 型散装粮食车装运,承运人进行发送、途中、到达作业。其他未尽事宜自行假设。

【任务要求说明】

为达到真正的学习效果,并最终能独立完成工作任务,需要在课前查阅与以下问题相关的资料,给出自己的答案,并思考这些问题和散装货物运输组织的关联性。

(1)《国家职业标准》中与铁路货运相关的主要工种有哪些? 它们的具体名称是什么,并按照你的理解绘制各工种间的组织结构关系图。

(2)车站整车货物作业的全过程在哪三个不同地点完成,具体包括哪些作业环节? 每个作业环节的具体任务是什么? 这些不同地点间的作业侧重点又是什么?

(3)散装货物的特点是什么? 适合用哪种货车装运? 为什么?

【重点注意事项】

在学习过程中,需要做的主要工作是:详细记录下指导教师讲授的实际案例,具体包括货物发到站、托运单位、收货单位、运价里程、装卸车注意事项等内容,将查阅资料获取的信息要点、教师指导的任务要点与案例条件结合起来,用精炼的文字描述案例背景,用流程图表现出案例任务流程(即哪些人、做什么、怎么做)。

请在任务完成后,再次仔细阅读"整车货物作业程序图",认真领会其作业流程,并在基本熟悉整车货物作业要求基础上,以学习小组为单位按要求提交一份案例作业方案文本记录。记录中需以案例条件为依据,按作业顺序明确哪些人要做哪些事。

1.2.3 所需配备

铁路货运规章,货运各工种标牌(可佩戴胸前)、货物运单、货票、戳记、印泥。

1.2.4　相关配套知识

知识点一　发送作业

铁路为完成货物运输任务而进行的基本作业,主要是在车站进行的。铁路货运作业按其作业环节可分承运、装车、运送、卸车和交付作业;按作业流程可分为发送作业、途中作业和到达作业。

货物在发站所进行的各项货运作业,统称货物的发送作业。它是铁路货物运输技术作业过程的开始阶段,包括承运、装车两大环节。

(一)整车发送计划管理

铁路总公司根据各铁路局建议和当前运输能力、运输任务完成情况及各项客观因素,每月下旬下达各铁路局次月货运任务和运输生产技术指标。主要包括:日均装车数,重点品类装车数,通过限制区段装车数,部分到局装车数,国际联运计划、水陆联运和重点物资装车计划,使用车去向,各分界口别交接车和排空车数,各局运用车数和周转时间等。铁路总公司还可根据当前的运输市场变化,随时调整上述指标。铁路局根据部下达指标作相应分配和安排。

整车按月签运输合同,以铁路货物运输服务订单办理。交运货物时提报运单,合同正式成立。

1. 铁路货物运输服务订单提报、审批与下达

办理整车货物(包括以整车形式运输的集装箱)运输手续时,托运人应填写订单一式两份向铁路部门提报。与铁路联网的托运人,可通过网络直接向铁路提报。托运人于上旬报下月订单,按发站、品类和到达局填,车站货运计划人员核查营业范围、托运人全称与印章是否一致、填写的特征代码是否正确齐全、车种品名是否相符、货物品名是否规范、车数与重量体积是否匹配、托运的货物是否违反政令限制、货源是否与提报订单车数相符、填写内容是否齐全、能否成组装车或直达运输。

经车站审核后的铁路运输服务订单,汇总形成月度运输计划,上报铁路局,由铁路总公司审核平衡后下达。

2. 编制旬计划

旬计划是平衡装车和向铁路局请求车的依据。编旬计划的依据包括批准的月计划,计划外旬要车计划,上旬铁路欠装货源,车站组织的零担、急运物资等。

(二)发送的详细过程

发送程序如图 1.1 所示。

1. 货物的托运

托运系托运人向承运人提出运单和运输要求的过程,须完成的工作有:

(1)对货物进行符合运输要求的包装。

(2)在货件上标明清晰明显的标记。

(3)备齐必要的证明文件,具体包括:

①物资管理,麻醉剂枪支、民用爆炸品,须药证管理部门或公安证明。

②物资运输归口管理,烟草、酒类,须有关管理部门证明文件。

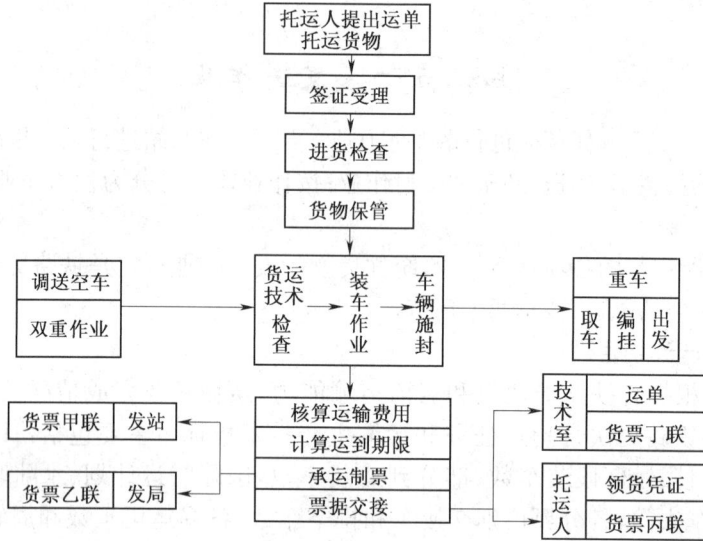

图 1.1　整车发送作业程序图

③国家行政管理,如进出口货物,须进出口许可证。

④卫生检疫,种子、苗木、动物,须动植物检疫部门的检疫证明。

(4)向车站提交货物运单。

托运人和承运人为运输货物签订的一种运输合同(或运输合同的组成部分)为运单。

运单用以确认运输过程中各方的权利、义务与责任,是运输货物的申请书,是承运人承运货物核收运费、填制货票、编制记录的依据。

①运单种类。货物运单按运输种类分为一般货物运单和专用货物运单。

一般货物运单(见表 1.4)由两部分组成,左边为货物运单,右边为领货凭证。

专用货物运单包括以下几种情况:

a.集装箱货物专用运单,上端居中的票据名称冠以"中铁集装箱运输有限责任公司集装箱货物运单"。

b.快运用的货物运单,上端居中的票据名称冠以"快运货物运单"字样。

c.危险货物中剧毒品使用剧毒品专用货物运单,上端居中的票据名称冠以"货物运单(剧毒品运输专用)"字样,运单中央以底网形式印刷骷髅图案。

运单颜色有:白底黑色印刷,适合于现付;白底红色印刷,适用于到付或后付;黄色纸张印刷,适用于剧毒品运输。

②运单填写。货物运单中粗线左侧"托运人填写"部分和领货凭证各栏由托运人填写;右侧各栏由承运人填写。托、承双方在填写时均应对货物运单所填记的内容负责,并按照《货规》附件三的要求,正确、完备、真实、详细、清楚的填写运单。运单填写各栏有更改时,在更改处,属于托运人填记事项,应由托运人盖章证明;属于承运人记载各项,应由车站加盖站名戳记。承运人对托运人填记事项一般不得更改。

表 1.4　货物运单

Ⓡ ××铁路局

货物运单

托运人→发站→到站→收货人

运单号：　　　　　　　　　　货票号：

					承运人/托运人装车
货物约定于　　年　　月　　日交接					承运人/托运人施封

发　站		专用线名称		专用线代码		车种车号	
货位							
号码							
运到期限							

到站（局）		专用线名称		专用线代码			

托运人	名　称			邮　编		货车标重	
	地　址						
	经办人姓名	经办人电话		Email		货车施封号码	

收货人	名　称			邮　编		货车篷布号码	
	地　址						
	经办人姓名	经办人电话		Email			

选择服务	□门到门运输：　取货地址	电　话	
	□门到站运输：　取货联系人		
	□站到门运输：　送货地址	电　话	
	□站到站运输：　送货联系人		
	□保价运储		
	□仓储		

货物名称	件数	包装	集装箱号	集装箱箱型	集装箱施封号	货物价格	托运人填报重量（千克）	承运人确定重量（千克）
合　计								

托运人记事事项		承运人记事事项	
托运人盖章或签字　年　月　日	发站承运日期戳　年　月　日	承运货运员签章　年　月　日	到站交付日期戳　年　月　日	支付货运员签章　年　月　日

注：本单不作为收款凭证。托运人须知见领货凭证背面，托运人自备运单的认为已确知签约须知内容。

作为托运人在填制货物运单时,具体要求见表1.5。

表 1.5　货物运单托运人填写要求

栏　　目	填　写　要　求
"发站" "到站(局)"	分别按《货里表》规定的站名完整填记,不得简称 到达(局)名,填写到达站主管铁路局名的第一个字"哈、沈、京、呼、郑、济、上、南、宁、成、兰、乌、昆、武、西、太、广、青"
"到站所属省(市) 自治区"	填写到站所在地的省(市)、自治区名称
"托运人名称" "收货人名称"	填写托运单位和收货单位的完整名称,如托运人或收货人为个人时,则填记托运人或收货人姓名
"托运人地址" "收货人地址"	详细填写托运人和收货人所在省、市、自治区城镇街道和门牌号码或乡、村名称
"电话"	分别填写托运人和收货人单位或个人方便联系的电话号码
"货物名称"	按照《品名分类与代码表》或《品名检查表》,危险货物则按"品名索引表"所列的货物名称完全、正确填写,并应在品名之后用括号注明危险货物编号;对上述表中未列载的货物应填写生产或贸易上通用的具体名称,但须用《品名分类与代码表》相应类项的品名加括号注明;需要说明货物规格、用途、性质的,在品名之后用括号加以注明。 按一批托运的货物,不能逐一将品名在运单内填记时,另填物品清单
"件数"	按货物名称及包装种类,分别记明件数
"包装"	记明包装种类,如"木箱"、"麻袋"、"铁桶"、"绳捆"等。按件承运的货物无包装时,填记"无"字。只按重量承运的货物,可省略不填。使用集装箱运输的货物填记"集装箱"
"货物价格"	填写该项货物的实际价格,全批货物的实际价格为确定货物保价运输保价金额或货物保险运输保险金额的依据
"托运人确定重量"	按货物名称及包装种类分别将货物实际重量(包括包装重量)用 kg 记明
"合计"	分别填写该批货物的合计总件数、总价格、总重量
"托运人记载事项"	填记需要由托运人声明的事项,例如: (1)货物状态有缺陷,但不致影响货物安全运输,应将其缺陷具体注明 (2)需要凭证明文件运输的货物,应将证明文件名称、号码及填发日期注明 (3)托运人派人押运的货物,注明押运人姓名和证件名称及其号码 (4)托运易腐货物或"短寿命"放射性货物时,应记明容许运输期限 (5)整车货物应注明要求使用的车种、吨位、是否需要苫盖篷布。在专用线卸车的,应记明"在××专用线卸车" (6)委托承运人代封的货车或集装箱,应标明"委托承运人代封" (7)使用自备货车或租用铁路货车在营业线上运输货物时,应记明"××单位自备车"或"××单位租用车"。使用托运人或收货人自备篷布时,应记明"自备篷布×块" (8)国外进口危险货物,按原包装托运时,应注明"进口原包装" (9)笨重货件或规格相同的零担货物,应注明货件的长、宽、高度,规格不同的零担货物应注明全批货物的体积 (10)托运人要求按保价运输的货物,应记明"保价运输"。如根据托运人要求单独核收时,应记明"保价费另收" (11)对投保货物运输险的货物,应记明"已投运输保险,保险凭证××号" (12)其他需要由托运人声明的事项

作为承运人在填制货物运单时,具体要求见表1.6。

表 1.6 货物运单承运人填写要求

栏　　目	填　写　要　求
"货物指定于×月×日搬入""货位""计划号码或运输号码"	发站对托运人提出的运单经检查填写正确、齐全,到站营业办理范围符合规定后,应在"货物指定于×月×日搬入"栏内填写指定搬入日期,在"货位"栏内填写指定搬入货位名称或编号 零担货物并应填记运输号码,由经办人签字或盖章,交还托运人凭以将货物搬入车站,办理托运手续
"运到期限××日"	填写按规定计算的货物运到期限日数
"货票第×号"	根据该批货物所填发的货票号码填写
"承运人/托运人装车""承运人/托运人施封"	规定由承运人组织装车或施封的,将"托运人"三字划消,规定由托运人组织装车或施封的,将"承运人"三字划消
"车种车号""货车标重"	按整车办理的货物必须填写;如运输过程中,货物发生换装时,换装站应将货物运单和货票丁联原记的车种、车号、货车标重画线抹消(使它仍可辨认),填记变化后的车种、车号、货车标重,并在改正处加盖车站戳记
"施封号码"	填写施封锁、环或封饼上的施封号码;施封锁填记F×××××、×××××,施封环填记⑩×××××、×××××,封饼填记×××、×××,封饼不带施封号码时,则填写封饼个数
"铁路货车篷布号码"	填写该批货物所苫盖的铁路货车篷布号码;使用托运人自备篷布时应记明⊗符号
"集装箱号码"	填写装运该批货物的集装箱的箱号
"经由"	货物运价里程按最短径路计算时可不填;按绕路经由计算运费时应填记绕路经由的接算站名或线名
"运价里程"	填写发站至到站间最短径路的里程,但绕路运输时,应填写绕路经由的里程
"承运人确定重量""合计"	货物重量由承运人确定的,应将检斤后的货物重量,按货物名称及包装种类分别用kg填记;"合计重量"栏填记该批货物的总重量
"计费重量"	整车货物填记货车标记载重量或规定的计费重量;零担货物和集装箱货物,填记按规定处理尾数后的重量或起码重量
"运价号"	按《品名分类与代码表》规定的各该货物运价号填写;运单上未印刷类项号码栏的填写"品名代码/运价号"
"运价率"	填记"货物运价率表"中该批货物适用的基价1、基价2;运价率规定有加成或减成时,应记明加成或减成的百分比
"运费"	填记按该批货物适用的运价率、运价里程及计费重量计算出的运费,以元为单位,精确到角,角以下四舍五入 实行核算、制票合并作业的车站,对运单内"经由"、"运价里程"、"计费重量"、"运价号"、"运价率"和"运费"栏,可不填写,而将有关内容直接填记于货票各栏内

栏　　目	填写要求
"承运人记载事项"	填记需要由承运人记明的事项,例如: (1)货车代用,记明批准的代用命令 (2)轻重配装,记明有关计费事项 (3)货物运输变更,记明有关变更事项 (4)途中装卸的货物,记明计算运费的起讫站名 (5)需要限速运行的货物和自有动力行驶的机车,记明铁路局承认命令 (6)承运人利用自备集装箱回空捎运货物,记明"免收回空运费" (7)如根据托运人要求单独核收货物保价费时,应记明"保价费另收" (8)其他需要由承运人声明的事项

③运单传递,货物运单:托运人→发站→到站→收货人;领货凭证:托运人→发站→托运人→收货人→到站。

④提交运单的份数。一般情况:一批一份运单;机械冷藏车组:同一到站、同一收货人可数批合提一份运单;整车分卸:除提基本运单一份外,每一分卸站另加分卸运单两份。

⑤物品清单的提出。为了正确地核收运输费用以及发生灭失、损坏等事故时便于划清承运人与托运人之间的责任,遇下列情况托运人除提出货物运单外还应同时提出物品清单:

a. 按一批托运的货物品名过多不能在运单内逐一填记时。

b. 托运搬家货物时。

c. 同一包装内有两种以上货物时。

d. 概括名称托运品名、规格、包装不同,不能在货物运单内填记的保价货物。

物品清单(见表1.7)一式三份。一份由发站存查,一份随同运输票据递交到站,一份退还托运人。

表 1.7　物品清单

发　站_____　　　　　　　货票第_____号

货件编号	包　装	详细内容			件数或尺寸	重量	价格
		物品名称	材质	新旧程度			

托运人盖章或签字_____　　年　月　日

注意事项

1. 个人托运的物品(如搬家货物、行李)。分为保价运输和不保价运输两种,由托运人选定。发生货损、货差时,保价运输的,按保价运输有关规定赔偿,不保价运输的,每重10 kg(不满10 kg按10 kg计算),最多赔偿人民币30元,实际损失低于这个标准备的,按货物实际损失的价格赔偿。

2. 本清单由托运人填写,一式三份,记载必须真实、正确。

3. "物品名称"栏要详细填写,如衣服应记明外衣、衬衫、男式、女式、童装等,"材质"栏应写明棉、毛、呢、绒、化纤等;"件数"栏如系衣料应记明尺寸。"价格"栏只供按保价运输托运时填写。

4. 个人物品内不得夹带下列物品:

(1)金、银、钻石、珠宝、首饰、古玩、文物字画、手表、照相机。

(2)有价证券、货币、各种票证。

(3)危险货物。

2. 受理

（1）概念

托运人提出运单后，经承运人审查，若符合运输条件，则在货物运单上签证货物搬入日期（零担）或装车日期（整车）的作业，称为受理。

（2）程序

①审查货物运单

a. 整车计划号码。

b. 到站名及到站的办理限制，有无停限装令。

c. 托运人、收货人名称、地址是否清楚、正确、齐全。

d. 货物名称、件数、包装、重量是否清楚、正确、齐全。

e. 货物重量、体积、长度是否符合铁路办理条件，车站起重能力。

f. 技术资料、证明文件是否齐全有效。

g. 有无违反按一批托运的限制。

h. 易腐货物的运到期限是否满足。

i. 急运物资（救灾、农用物资、鲜活货物、文艺演出、搬家），应优先运输。

②签证货物运单

a. 整车货物：在站内装车者，在货物运单上签证计划号码、货物搬入日期及地点，将货物运单交还托运人，凭此搬入货物；在专用线装车者，在货物运单上签证计划号码和装车日期，将货物运单交指定的包线货运员，按时到装车地点检查货物。

b. 零担货物和集装箱运输的货物：在货物运单上签证运输号码、搬入日期及地点，将运单交还托运人凭此搬入货物。

c. 加盖受理章和经办人名章。

3. 进货和验收

（1）进货

托运人凭签证的货物运单按指定的搬入日期，将货物搬入车站，堆放在指定货位，完好地交给承运人的作业。

（2）验收

车站在接受托运人搬入车站的货物时，按运单记载对品名、件数、运输包装、重量检查，确认符合要求并同意货物进入场、库指定货位的作业。

4. 货物的件数和重量

（1）货物件数和重量规定

铁路运输货物一般按照件数和重量承运。但下列货物，按整车运输时，只按重量承运，不计算件数：

①散堆装货物。

②成件货物规格相同（规格在三种以内的视作规格相同），一批数量超过 2 000 件；规格不同，一批数量超过 1 600 件。

下列整车货物，无论规格是否相同，按一批托运时，每件平均重量在 10 kg 以上，托运人能

按件点交给车站的,承运人都按重量和件数承运:

　　a. 针、纺织品、衣、袜、鞋、帽。

　　b. 钟表、中西成药、卷烟、文具、乐器、工艺美术品。

　　c. 面粉、肥皂、糖果、橡胶、油漆、染料、轮胎、罐头食品、瓶装酒类、医疗器械、洗衣粉、缝纫机头、空钢瓶、化学试剂、玻璃仪器、214 L 空铁桶。

　　d. 电视机、收音机、录音机、电唱机、电风扇、计算机、照相机。

以上明定品名的货物与未明定品名的货物作为一批托运时,只按重量承运,不计件数。

托运人组织装车,到站由收货人组织卸车的货物,按托运人在货物运单上填记的件数承运。

(2)检斤

①整车和集装箱,由托运人确定重量。

②零担货物除标准重量,标记重量或有过称清单以及一件重量超过车站衡器最大称量的货物外,由承运人确定重量,并核收过秤费。

货物重量(包括货物包装重量)的确定必须准确。托运人确定重量的整车货物、集装箱货物和零担货物,承运人应进行抽查,抽检后承运人确定重量超过托运人确定重量(扣除国家规定的衡器公差)时,应向托运人或收货人核收过秤费。

5. 装车

(1)装(卸)车作业责任范围的划分

装(卸)车作业责任根据装卸地点和货物性质来划分。

①按装卸地点:在车站公共装卸场所以内,由承运人负责;在其他场所,均由托运人或收货人负责。

②下列货物不分地点,均由托运人或收货人负责组织:

　　a. 罐车运输的货物。

　　b. 冻结易腐货物。

　　c. 未装容器的活动物、蜜蜂、鱼苗。

　　d. 一件重量过 1 t 的放射性同位素。

　　e. 用人力装卸带有动力的机械和车辆。

另外,如放射性物品、尖端保密物资、特别贵重的工艺品、展览品等,其他货物由于性质特殊,经托运人或收货人要求,并经承运人同意,也可由托运人或收货人组织装车或卸车。

(2)货车的调拨与检查

①装车前应正确选择车辆,遵守货车使用限制表(见表1.8)及有关规定。未经铁路总公司运输局批准,各类货车装载的货物不得超出货车的设计用途范围。

②调拨的原则:车种适合货种,车吨适合货吨。

　　a. 承运人应按照运输合同约定的车种拨配适当的、状态良好、清扫干净的车辆。

　　b. 承运人如无适当的货车拨配,在征得托运人同意、保证货物安全、货车完整和装卸作业方便的条件下可以代用。以长大货物车、冷藏车代替其他车辆及改变罐车使用范围时,应经铁道部承认;其他车辆代替棚车以及大吨位的车辆代替小吨位的车辆时,应经铁路总公司承认。

　　c. 对保密物资、涉外物资、精密仪器、展览品,能用棚车装运的必须使用棚车装运,不得用其他货车代替。

　　d. 活鱼、家禽、家畜不能用无窗棚车，牛、马、驴、骡等大畜生不用铁地板货车。

　　e. 特殊货物应使用规定的货车。

表 1.8　货车使用限制表

顺序号	限制条件／车种／货物名称	棚车	散车	底开门车	有端侧板平车	无端侧板平车	有端板无侧板平车	铁地板平车	共用车	备注
1	散装的煤、灰、焦炭、砂、石、土、矿石、砖	×				×	×	×	×	无端侧板平车或有端板（渡板）无侧板平车（共用车除外），在使用围挡并安有支柱时，可装运煤、灰、砂、石、土、砖
2	金属块			×		×	×	×	×	无端侧板平车或有端板（渡板）无侧板平车（共用车除外），在使用围挡并安有支柱时，可装运散装的金属块
3	空铁桶				×	×	×	×	×	应加固并外罩绳网
4	木材				×	×	×	×	×	原木不得使用棚车装运
5	集装箱	×		×				×		1 t 集装箱可装棚车
6	超长货物	×	×	×				×		
7	超限货物	×	×	×						
8	钢轨	×		×				×		
9	组成的机动车辆	×	×	×				×		组成的摩托车、手扶拖拉机及小型车辆可使用棚车，在到站有起重能力时，可使用敞车

注：×——不准使用的车种。

　　③检查的内容

　　车体、门窗、罐车阀盖是否能关严，开启是否灵活，插销是否有效、囱盖及锁闭装置是否齐全有效、有无扣修通知和通行限制、卫生及味道。

　　（3）装载要求

　　①充分利用货车的载重量和容积，但不得超过货车的容许载重量。

　　②货物的装载宽度和高度，除超限货物和特殊规定者外，不得超过机车车辆限界和特殊区段装载限界。

　　③到站的起重能力检查。

　　④大不压小、重不压轻、不偏载、不超载、不误装、不漏装。

　　⑤巧装满载。

　　（4）装车作业

　　①装车前的检查

　　a. 运单检查：检查货物运单的记载内容是否符合运输要求，有无漏填和误填。

　　b. 货物检查：按照货物运单记载内容认真核对待装货物的品名、件数，检查标志、标签和货物状态是否符合要求。

c. 车辆检查:主要检查货车是否符合使用条件;货运状态是否良好,包括车体、车门、车窗、盖、阀是否完整良好,车内是否干净,是否被毒物污染;货车定检是否过期,有无扣修通知、色票、货车洗刷回送标签或通行限制。货车检查时,发现有不符合使用的情况,应采取适当措施,必要时应更换车辆。

②货物的装车

货物的装车应做到安全、迅速、满载,这是对装车作业的基本要求。在装车过程中,无论是谁负责装车都应遵守装载加固技术条件。根据货物的性质装车、巧装满载、注意安全、件数、防止误装。

③装车后的检查

a. 检查装载:主要检查有无超重、偏重、超限现象,装载是否稳妥,捆绑是否牢固,施封是否符合要求,表示牌插挂是否正确。对装载货物的敞车,要检查车门插销、底开门搭扣和篷布苫盖、捆绑情况。对阔大货物还要检查是否按规定的装载加固方案进行装载加固,对超限货物还应按装载方案测量装车后的尺寸。

b. 检查运单:检查运单有无误填和漏填,车种、车号和运单、货运票据封套记载是否相符。

c. 检查货位:检查货位有无误装或漏装的情况。

经检查符合要求后,即可将票据移交货运室,同时将装车完了时间通知运转室或货运调度员,以便取车、挂运。至此,装车作业全部完成。

6. 制票和承运

整车装车后、零担和集装箱验货后,托运人交付运费,并办理制票和承运业务。

(1)填制货票

①货票的定义

货票是铁路运输凭证,是一种财务性质的货运票据。它是清算运输费用、确定货物运到期限、统计铁路所完成的工作量和计算货运工作指标的依据,因此必须正确填制。货票是有价证券并带有号码,须妥善保管,不得遗失。

②组成及作用

货票有现付和后付两种,其中现付货票(见表1.9、表1.10)一式四联。甲联为发站存查联;乙联为报告联,由发站每日按顺序订好,定期上报发局;丙联为承运证,交托运人凭以报销;丁联为运输凭证,随货物递交到站存查。除丁联下部外,货票各联正面内容完全相同。

③制票

填制货票由货运室使用微机制票。整车货物是先装车后制票或平行进行,零担和集装箱是先制票后装车。货票应根据货物运单记载的内容填写,金额填写错误时按作废处理。货票各栏填写要求与运单类同。

④核收运费

车站在货物运单和货票上加盖车站日期戳并收清费用后,即将领货凭证和货票丙联一并交给托运人。

(2)承运

零担和集装箱运输的货物,由发站接收完毕,整车货物装车完毕,发站在货物运单上加盖车站日期戳时起,即为承运。

①零担、集装箱先承运后装车,整车先装车后承运。

②承运意味着运输合同的生效,铁路开始对货物负责任。

从承运时起承托双方就要分别履行运输合同的义务和责任。因此,承运意味着铁路负责运输的开始,是承运人与托运人双方划分责任的时间界线。同时,承运标志着货物正式进入运输过程。

表1.9 货票丁联

××铁路局 A00000

货 票

丁联 运输凭证:发站→到站存查

号码
货单号

发 站		专用线名称(代码)						车种车号			货车标重	
到站(局)		专用线名称(代码)					装车	费别	金额	费别	金额	
经由					施封或篷布号码							
运价里程					运到期限							
托运人	名 称				经办人		电话					
	地 址						邮编					
	取货地址		里程		联系人		电话					
收货人	名 称				经办人		电话					
	地 址						邮编					
	取货地址		里程		联系人		电话					
服务内容								费用合计				

货物名称	品名代码	件数	包装	保价金额	托运人填报重量(千克)	承运人确定重量(千克)	计费重量	运价号	运价率	集装箱箱型	集装箱箱号	集装箱施封号
合 计												
记事												

卸货时间 月 日 时 催领通知方法: 催领通知时间: 月 日 时 到站收费的收据号码:	收货人盖章或签字 领货人身份证件号码:	到站交付日期戳 经办人盖章	发站承运日期戳 经办人盖章

表1.10 货票丁联背面

1. 货物运输变更事项

受理站	电报号	变更事项	运杂费收据号码
处理站 日期戳	经办人盖章		

2. 关于记录事项

编制站	记录号	记录内容

3. 交接站日期戳

1.	2.	3.	4.	5.	6.

4. 货车在中途站摘车事项

车种、车号 车次、时间	摘车原因	货物发出时间 车次、车种、车号	车种、车号 车次、时间	摘车原因	货物发出时间 车次、车种、车号
摘日 车期 站戳	经盖 办人 章		摘日 车期 站戳	经盖 办人 章	

知识点二　途中作业

货物在铁路运输途中所发生的各项货运作业,统称为途中作业。

铁路货物运输的途中作业包括正常作业、特殊作业及异常情况的处理等三部分。

正常作业指途中货运检查站的货运交接检查。

特殊作业包括整车分卸在分卸站的分卸作业、活动物途中上水作业、货物运输变更的处理。

异常情况的处理包括途中货运检查发现货物(车)有碍于行车安全或货物完整,而进行的货物整理、换装等作业,及运输阻碍的处理。

(一)货运交接检查

为保证行车安全和货物安全,划清运输责任,对运输中的货物(车)和运输票据,要进行交接检查,并按规定处理。

1. 货运检查站及区段负责制

(1)货运检查区段负责制

铁路货运检查实行站与站间交接检查的区段负责制,车站负责交接检查的工作。

区段负责制是指在对货物列车的交接检查中,按列车运行区段划分货运检查站责任的制度。

中间站停车及甩挂作业的货物列车,由车站负责看护,保证货物安全,发生问题要及时处理。中间站应保证货物列车安全继运到下一货运检查站。

(2)货运检查站

货运检查站是列车运行途经有技术作业或无技术作业但停车时间在 35 min 以上的技术作业站。

货运检查站分为路网性和区域性货运检查站。

①路网性货运检查站

路网性货运检查站是指铁路总公司公布的编组站。

②区域性货运检查站

区域性货运检查站是指除路网性货运检查站外,铁路局管内有货运检查作业的技术作业站。区域性货运检查站由铁路局自定,报铁路总公司备案、公布。铁路局间交接货运检查站的撤销应报铁路总公司批准、公布。

路网性货运检查站和区域性货运检查站的分布见表1.11。

2. 货运检查人员设置及条件

(1)货运检查人员

货运检查站应设置货运检查值班员岗位,负责货运检查的现场组织工作。

货运检查站应按照每列车双人双面检查作业的要求配齐货运检查员。

(2)货运检查人员应具备的条件

①热爱本职工作,责任心强,具有良好的职业道德,身体健康。

②经职业技能鉴定机构鉴定合格,取得相应职业资格证书。上岗前,还须依据有关岗位标准,经培训考核合格后方可上岗。

③熟练掌握《铁路货物装载加固规则》、《铁路超限超重货物运输规则》、《铁路货物运输管

表 1.11　全路货运检查站表

铁路局	路网性货检站	区域性货检站	个数
哈尔滨	哈尔滨南、三间房、牡丹江、南岔	加格达奇、让湖路、绥化、佳木斯、鸡西、博克图、满洲里、哈尔滨、哈尔滨东、北安、龙镇、齐齐哈尔、海拉尔、伊图里河、塔河、八达沟、鹤岗、双鸭山、峻德、红兴隆、七台河、勃利、绥芬河、富拉尔基	28
沈阳	山海关、沈阳西、苏家屯、长春北、四平、通辽、梅河口	白城、大安北、辽阳、本溪、金州、大石桥、锦州、大虎山、阜新、叶柏寿、赤峰、棋盘、敦化、通化、白山市、丹东、乌兰浩特、灵山、平庄南	26
北京	丰台西、南仓、石家庄	邯郸、阳泉、平泉、隆化、银城铺、唐山北、唐山东、蓟县、德州、张家口南、双桥、衡水	15
太原	太原北、大同	榆次、侯马北、原平、玉门沟、灵丘、介休、临汾、运城、大新、口泉、秦皇岛东、湖东、柳村南	15
呼和浩特	包头西	包头东、二连、呼和浩特、集宁、临河、乌海西、乌海、赛汗塔拉	9
郑州	郑州北	新乡、商丘、商丘北、月山、长治北、晋城北、洛阳东、洛阳北、关林、南阳西、安阳、三门峡西、嘉峰、平顶山西	15
武汉	武汉北、武昌南、襄阳北	武昌东、麻城、信阳、信阳北、漯河、平顶山东、枝江、荆门南	11
西安	新丰镇、宝鸡东、安康东	华山、千河、韩城	6
济南	济南西、青岛西	东风、菏泽南、济南、聊城北、临沂、淄博、兖州	9
上海	徐州北、南京东、南翔、乔司、阜阳北、芜湖东、淮南西	新沂西、蚌埠东、合肥东、长兴、新龙华、艮山门、金华东、南京北、青龙山、裕溪口、绩溪县	18
南昌	向塘西、鹰潭、南平北	上饶、新余、萍乡、九江西、吉安、赣州东、景德镇、邵武、永安、漳平、铁山洋、武夷山	15
广铁集团	江村、衡阳北、株洲北、怀化南	海安南、永州、郴州、韶关东、平湖南、茂名东、东莞东、龙川北、岳阳北、三水西、娄底、张家界、长沙东、益阳	18
南宁	柳州南	桂林北、金城江、茂名、湛江、塘口、南宁南、凭祥	8
成都	成都北、重庆西、贵阳南	广元南、西昌南、达州、六盘水南、麻尾	8
昆明	昆明东	读书铺、威舍、大理东	4
兰州	兰州西、迎水桥、武威南	天水、惠农、嘉峪关	6
乌鲁木齐	乌西	哈密、鄯善、吐鲁番、奎屯、阿拉山口、鱼儿沟、库尔勒、阿克苏、喀什	10
青藏公司		西宁	1
合计	49	173	222

理规则》、《铁路危险货物运输管理规则》、《铁路鲜活货物运输规则》、《铁路货运事故处理规则》、《货车篷布管理规则》等规章中有关装载加固、危险货物运输、超限、货运交接检查、货运事故处理等技术要求和人身安全规定。

④熟悉《铁路技术管理规程》、《铁路交通事故调查处理规则》、《行车组织规则》、《车站行车工作细则》等行车组织的有关规定。

⑤熟悉有关货车的技术参数。

⑥熟悉本站内线路、设备、建筑物以及调车作业情况。

⑦熟悉有关安全预案。

3. 货运检查工具和备品

货运检查站应配备以下主要工具和备品:对讲机、限界尺、工具包、钢尺、吊锤、电工刀、断线钳、铁锤、撬棍、照明灯具、8号、10号镀锌铁线、绳索、扒锔钉、钉子、绞棍以及施封锁、消防器材、危险货物检测仪、应急救援防毒面具等。

货运检查人员应按人手一台配备对讲机,并应配备照明灯具等必要的检查作业工具。

(二)货运检查作业

货运检查人员作业时,应严格执行《货运检查作业》(TB/T 2116.5—2005)标准。

1. 货运检查内容

货运检查的内容执行《铁路货物运输管理规则》第四十六条表2(见表1.12)的规定,概括起来主要包括以下四个方面的内容:

表 1.12　货物检查、交接的内容以及发现问题的处理方法

顺号	检查内容	发现的问题	处理方法
1	运输票据或封套	(1)有票无货(车)或有货(车)无票	编制记录并拍发电报
		(2)货物运单或封套上记载的车号、到站与编组顺序表不符	
		(3)货物运单或封套上记载的车号、到站有涂改,未加盖带有所属单位的经办人名章时	
		(4)货物运单或封套上记载的车号与现实不符	编制记录并拍发电报,查明情况后继运
		(5)货物运单或封套上封印号码被划掉、涂改未按规定盖章	编制记录并拍发电报证明现状继运;货车上无封印时,由发现站确定是否补封
		(6)货物运单或封套以及编组顺序表记有铁路篷布,现车未盖有铁路篷布;现车盖有铁路篷布,货物运单或封套以及编组顺序表未记载或记载张数不符	编制记录并拍发电报
2	货车的施封	(1)封印失效、丢失、断开或不破坏封印即能开启车门	拍发电报并补封,是否清点货件由发现站确定
		(2)运输票据或封套上记载的封印站名或号码与现封不一致或发生涂改	核对站名,拍发电报;到站检查封印站名、号码

续上表

顺号	检查内容	发现的问题	处理方法
2	货车的施封	(3)货车已施封,但未在运输票据或封套上记明封印号码、编组顺序表无"F"字样	编制记录证明现状继运
		(4)未使用施封锁施封(罐车和朝鲜进口货车除外)	拍发电报并补施封锁
		(5)在同一车门上使用两个以上封串联施封	拍发电报并补封,如因车门技术状态无法补封时,车站以交方责任继运
		(6)货车两侧或一侧在车门上部施封	按现状拍发电报
		(7)施封货车的上部门扣未以铁线拧固(车门构造只有一个门扣或上部门扣损坏的除外)	由发现站拧固
3	装有货物的货车	(1)车门窗未按规定关闭(损坏的车窗已用木板、铁箱、木箱封固的除外)	由发现站关闭并拍发电报
		(2)货物损坏、被盗	拍发电报、编制记录进行处理
		(3)棚车车体、平车或集装箱专用平车装运的集装箱体的可见部位损坏或集装箱箱门开启	拍发电报,并由车站处理
		(4)易燃货物未按规定苫盖篷布或未采取规定的防护措施	拍发电报,编制记录补苫篷布并采取防护措施
		(5)篷布(包括自备篷布)苫盖捆绑不牢、被刮掉或被割,危及运输安全	及时进行整理。丢失或补苫篷布时由发现站拍发电报并编制记录
		(6)货物装载有异状或超过货车装载限界;支柱、铁线、绳索有折断或松动,货物有坠落可能;车门插销不严、危及运输安全;底开门车用一个扣铁关闭底开门(如所装货物能搭在底板横梁上,并且另一个搭扣处用铁线捆牢者除外)	由发现站按规定换装或整理并拍发电报
		(7)超限货物无调度命令	取得调度命令后继运
4	货车使用和通行限制	(1)货车违反运行区段的通行限制	拍发电报,并由车站换装适当货车
		(2)装载金属块、长度不足2.5 m的短木材或空铁桶使用的车种违反《加规》货车使用限制表的规定	

(1)装载加固

①货物是否倾斜、移位、窜动、坠落、倒塌和渗漏。

②在设有超偏载检测仪的车站,还应检查货车是否超、偏载。

③加固材料、装置是否完好无损。

④货物超限装载和特定区段装载限制是否符合有关规定。

⑤加固绳索、铁线捆绑拴结是否符合规定。

(2)篷布苫盖

篷布及绳网苫盖、捆绑是否符合规定。

(3)货车门、窗、盖、阀和集装箱

①货车门、窗、盖、阀是否关闭良好。

②使用平车(含专用平车)装集装箱时,箱门是否关闭良好。

③专用平车装载集装箱是否落槽,普通平车装载集装箱是否按加固方案进行加固。

(4)施封及其他

①施封货车按《铁路货物运输管理规则》和有关规定进行检查。货物列车无改编作业时,仅凭列车编组顺序表的有关记载检查施封是否有效,不核对站名、号码。货物列车有改编作业时,只核对站名,不核对号码。

②对无列检作业的车站,货运检查人员还应检查自动制动机的空重位置,不符合要求时应进行调整。

③规定需要检查的其他事项。

以下内容不作交接检查:

①罐车和集装箱的封印。

②苫盖货物的篷布顶部。

③集装箱顶部。

④敞车装载的不超出端侧板货物的装载状态。

如接方发现以上内容有异状,由发现站拍发电报。

2. 货运检查程序

(1)计划安排和准备

车站有关人员应将班计划、阶段计划、列车编组顺序表及时通知货运检查值班员(班组长),货运检查值班员根据计划,将工作内容、检查重点、安全事项及要求等向货运检查员传达、布置。

货运检查员接到作业任务后,应掌握到达(出发)列车车次、股道、时刻、编组内容及施封、重点车情况。作业时,应携带作业工具和作业手册。

(2)到达列车预检

在列车到达前5 min,货运检查员应出场立岗,在列车到达、通过时,对列车进行目测预检。

(3)检查

①两侧货运检查员应从车列的一端同步逐车进行检查,对重点车进行记录。

②货运检查员对车列首尾的车辆及重点车,应涂打检查标记。

③车列检查、整理应在规定的技术作业时间内完成。

④车列检查、整理完毕后,货运检查员应及时报告。

⑤在实行区段负责制的区段(有运转车长值乘的列车除外),货运检查员发现的问题,应按规定拍照存查,及时妥善处理。

（4）整理

①在列整理

对发生装载加固、篷布苫盖、门窗盖阀等方面问题的，不需要摘车处理时，应在设置好防护后由货运检查员和整理工共同对车列内需整理货车进行整理。

预计整理时间超过技术作业时间时，货运检查员应及时向车站值班员报告。

在列整理时，货运检查员应按有关规定进行作业，确保人身安全。

②甩车整理

对危及行车安全，又不能在列整理的车辆，货运检查员应报告车站值班员甩车整理。

甩车整理时，应做好防护工作。不允许在挂有接触网的线路（设有隔离开关的线路除外）整理车辆。

（5）记录

车列检查、整理完毕后，货运检查员应及时填写货运检查工作日志、收发文件电报登记簿、普通记录和施封锁的发放、使用和销号登记簿、换装整理登记簿、加固材料使用登记簿等报表和台账。

（三）异常问题处理

货运检查发现异状，应根据表 1.12 要求及时处理，处理方法包括补封处理后继运、车站换装或整理、苫盖篷布、拍发电报等。

1. 拍发货运检查电报

交接检查时发现的问题应于列车到达后 120 min 内以电报通知上一货检站，同时抄知发到站。电报的内容应包括列车的车次、到达时分、车种、车号、发站、到站、品名、发现问题及简要处理情况。

【例 1.2】　无封货运检查电报。

主送：桂林北

抄送：南京西、南宁

2014 年 8 月 20 日 10 时 25 分，35007 次到检发现 P_{63} 3302356 南京西发南宁整车卷筒纸运行左侧无封，与票记施封 2 枚不符，我站补 56323 号封继运。

柳南货检 006 号

柳州南站货检室

2014 年 8 月 20 日

【例 1.3】　装载加固不良货运检查电报。

主送：柳州南

抄送：融水、凭祥

2014 年 8 月 28 日 18 时 52 分，21005 次到检，C_{63} 4325357 融水发凭祥竹子，列车运行方向后部围挡破损，内货向后窜出端墙 300 mm，我站扣车整理。

南南货检 182 号

南宁南站货检室

2014 年 8 月 28 日

2. 换装整理

在运输中发现货车偏载、超载、货物撒漏以及因车辆技术状态不良，经车辆部门扣留，不能继续运行，或根据《管规》有关规定需要换装整理时，由发现站（或路局指定站）及时换装整理。

(1)货车整理

对发生装载加固、篷布苫盖、门窗盖阀等方面问题,危及行车和货物安全的货车,应及时整理。货车整理可分为在列整理和甩车整理。

遇下列情况应甩车整理:

①篷布苫盖不整或缺少腰绳。

②货物发生严重倾斜、偏载、移位、窜动、坠落、倒塌和渗漏。

③超限货物按普通货物办理。

④加固支柱折断。

⑤棚车车门脱槽,油罐车上盖张开。

⑥液化气体泄漏,三酸罐车溢出。

⑦火灾。

⑧货物明显被盗丢失。

⑨发生其他危及行车安全情况不能在列整理时。

对不需要甩车整理的,安排在列整理。

(2)货物换装

因车辆技术状态不良,经车辆部门扣留,以及违反《管规》货车使用和通行限制规定,不能原车安全继运的货车,应及时进行换装。换装时,应选用与原车类型和标记载重相同的货车。

(3)换装整理的处理

①编制普通记录和填记货票

经过换装整理的货车,不论是否摘车,均应编制普通记录,证明换装整理情况和责任单位,并在货票丁联背面记明有关事项。

②作业时间

换装整理的时间不应超过 2 d,如 2 d 内未换装整理完毕时,应由换装整理站以电报通知到站,以便收货人查询。

③作业中发现货物异状的处理

按照票据检查货物现状,如数量不符或状态有异,应编制货运记录。

④剩余货物的处理

对因换装整理卸下的部分货物,应予以及时补送,补送有困难的,应通知发站联系托运人处理。

⑤作业费用

换装整理的费用,铁路责任的货物整理费由整理站(铁路局)列销;换装费由原装车站(铁路局)负担,但由于行车事故或调车冲撞发生的换装费由责任单位负担;因车辆技术状态不良发生的换装,属车辆部门责任,换装费由发生局负担。铁路责任的换装费由铁路内部清算。属于托运人责任的换装整理费用,由处理站填发垫款通知书,随同运输票据递送到站,向收货人核收。

3. 货物运输合同的变更和解除

(1)货物运输合同的变更

托运人或收货人在货物托运后,由于特殊原因需要变更的,经承运人同意,对承运后的货

物可以按批在货物所在的途中站或到站办理变更到站和收货人。对下列情况,铁路不办理货物合同的变更:

①违反国家法律、法规、货物流向、运输限制和蜜蜂的变更。

②变更后货物运到期限大于容许运输期限的变更。

③变更一批货物的一部分。

④第二次变更到站。

遇特殊情况货物需变更卸车站(到站)时,还须遵守下列规定:

①必须由托运人或收货人提出书面申请。

②必须和原到站在同一径路上。

③因自然灾害影响变更卸车地点时,应及时通知收货人。

④局管内变更卸车站,以铁路局调度命令批准。

⑤跨铁路局变更卸车站原则上不办理,确须变更时以铁路总公司调度命令批准。

(2)货物运输合同的解除

整车货物和集装箱货物在承运后挂运前,零担货物在承运后装车前,托运人可向发站提出取消托运,经承运人同意,运输合同即告解除。

(3)变更和解除合同的程序

①凭证文件

托运人或收货人要求变更和解除运输合同时,应提出领货凭证和货物运输变更要求书(见表1.13),提不出领货凭证,应提出其他有效证明文件,并在货物运输变更要求书上注明。

表1.13 货物运输变更要求书

受理变更顺序号	第 号

提出变更单位名称和住址_____印章_____　　　　　　　　年 月 日

变更事项					
原票据记载事项	运单号码	发站	到站	托运人	收货人	办理种别
	车种车号	货物名称	件数	重量	承运日期
	记事				
承运人记载事项					经办人

②受理手续

a.车站受理

货物变更由车站受理。整车货物变更到站,处理站应对该车的装载情况进行检查,对施封货车应检查封印是否完好,站名、号码是否与票据相符,并报主管铁路局同意。

b.改正票据

车站在处理变更时应在货票记事栏内记明变更的根据,改正票据、标记(货签)等有关记载事项,并加盖车站日期戳或带站名的名章。

c. 拍发电报

变更到站时,应电知新到站及其主管局收入稽查处和发站。

③费用

办理货物运输变更或取消托运,托运人或收货人按规定向办理站支付变更手续费。

4. 运输阻碍的处理

因不可抗力(指当事人自身能力不能抗拒也无法预防的客观情况或事故,如地震、水灾、风灾、战争、政府禁令、罢工等)的原因致使行车中断,货物运输发生阻碍时,铁路局对已承运的货物,可指示绕路运输。或者,在必要时先将货物卸下,妥善保管,待恢复运输时再行装车继续运输,所需装卸费用由装卸作业的铁路局负担。因货物性质特殊,绕路运输或卸下再装可造成货物损失时,车站应联系托运人或收货人请其在要求的时间内提出处理办法。超过要求时间未接到答复或因等候答复将使货物造成损失时,比照无法交付货物处理,所得剩余价款(扣除运输、装卸、保管、清扫、洗刷、广告及其他劳务费用),通知托运人领取。

知识点三 到达作业

货物在到站进行的各种货运作业,统称为到达作业。到达作业包括:重车和货运票据的交接、货物的卸车、保管和交付以及运输费用的最后结算等。货物经过到达作业后,货物运输技术作业过程即告结束,至此,运输合同即告终止。货物到达作业程序如图1.2所示。

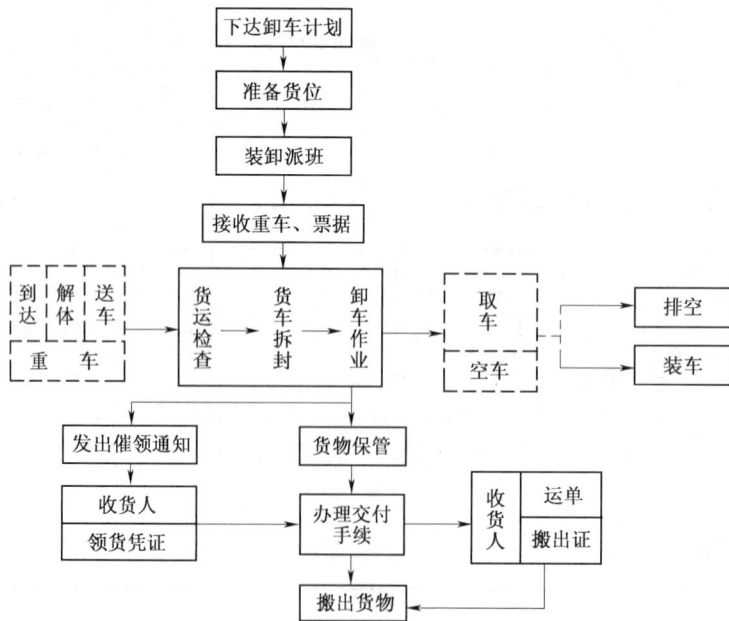

图1.2 货物到达作业程序示意图

(一)重车到达与货运交接检查

列车到达后,车站应派人与机车乘务人员办理货运票据的交接签证,按照货运检查的要求接收重车和票据。交接货车时,应详细进行票据与现车的核对。对货车的施封状态,认真核对站名和号码。对现车的装载状态进行检查,还要检查罐车和集装箱的封印、苫盖货物的篷布顶部、集装箱顶部、敞车装载的不超出端侧板货物的装载状态。

运转室将到达本站卸车的重车票据登记后,移交货运室。

(二)卸车作业

卸车是铁路货物运输作业过程的重要环节之一,是车站日常货运组织工作的关键。正确及时地组织卸车作业,能够缩短货车周转时间,提高货车使用效率,保证排空任务和装车的空车来源。

车站必须坚持调度集中统一指挥,认真贯彻"一卸、二排、三装"的运输组织原则,做好卸车工作。

1. 卸车组织

根据卸车地点、货物性质的不同,卸车工作组织分为承运人组织卸车与收货人组织卸车。

2. 卸车作业

承运人组织卸车时,卸车货运员应做到:

(1)卸车前检查

为保证卸车顺利进行,防止误卸并确认货物是否完整,便于划分责任,卸车货运员应根据货调下达的卸车计划,在卸车前认真做好"三检"工作。

①检查货位

主要检查货位是否能容纳待卸货物,货位是否整洁,相邻货位存放货物与待卸货物性质有无抵触。

②检查运输票据

主要检查票据记载的到站与货物实际到站是否相符,了解待卸货物的性质及卸车、保管要求。

③检查现车

主要检查现车与票据记载是否相符、车辆门窗及车体状态是否良好、施封是否良好、货物装载状态有无异状。

卸车前检查现车,可能发现影响货物安全的一些因素,为货运事故分析定责提供第一手资料,必须认真进行。

(2)监卸工作

卸车开始之前,卸车货运员应向卸车工组布置卸车要求及注意事项。

卸车时,货运员应对施封的货车亲自拆封,并会同装卸工一起开启车门或取下苫盖篷布。必须核对运单、货票、实际货物,保证运单、货票、货物"三统一"。要认真监卸,根据货物运单清点件数,核对标记,检查货物状态。对集装箱货物应检查箱体,核对箱号和封印。严格按照《铁路装卸作业技术管理规则》及有关规定作业,合理使用货位,按规定堆码货物。发现货物有异状,应及时编制记录,按章处理。

卸车时,注意安全,提高效率,加速货车周转。

(3)卸车后检查

①检查运输票据

检查票据上记载的货位与货物实际存放货位是否相符、货票丁联是否填写卸车日期。

②检查货物

主要检查货物件数是否与运单记载相符、货物堆码是否符合要求、卸后货物安全距离是否符合规定。

③检查卸后空车

主要检查车内是否卸净,是否清扫干净,车门、窗、端侧板是否关闭妥当,货车表示牌是否撤除。

卸后还须清理好线路,按规定折叠篷布,送指定地点存放。对自备货车装备物品和加固材料妥善保管。

卸下货物记入"卸货簿"、"集装箱到发登记簿"或卸货卡片,在货票丁联左下角有关栏内记明卸车日期,报告货调卸完时间以便取车。

3. 货车的清扫、洗刷和除污、消毒

卸后空车均由卸车单位负责清扫。

下列情况应洗刷除污:

(1)装过活动物、鲜鱼介类的车辆以及受易腐货物污染的冷藏车。

(2)《危规》规定必须洗刷除污的货车。

(3)装过污秽品的货车。

收货人有洗刷、消毒设备时,也可由收货人自行洗刷、消毒。

按规定卸后须洗刷除污的货车,如卸车站洗刷除污有困难时,须凭铁路调度命令向指定站回送。对回送洗刷除污的货车,卸车站应清扫干净,并在两侧车门外部及车内明显处所粘贴"货车洗刷回送标签"(见《危规》格式3)各一张,货物如有撒漏,应在标签上注明。

(三)货物保管

货物应稳固、整齐地堆码在指定货位上。整车货物要定型堆码,保持一定高度。零担和集装箱货物,要按批堆码,货签向外,留有通道。需要隔离的,应按规定隔离。存放在装卸场所内的货物,应距离货物线钢轨外侧 1.5 m 以上,距离站台边缘 1 m 以上。

对到达的货物,铁路提供一定的免费保管期间,收货人应于承运人发出领货通知或送货通知的次日起算,不能实行领货通知及送货通知或会同收货人卸车的应从卸车的次日起,两日内将货物搬出或接收货物,不收取仓储费。超过此期限,按日核收仓储费。

根据各地具体情况,铁路局可以缩短货物免费仓储期限一天,也可以提高仓储费费率,但提高部分最高不得超过规定费率的 1 倍;也可以适当延长货物免费仓储期间。并报铁路总公司备案。

(四)货物催领通知

货物到达后,承运人应及时向收货人发出领货通知或送货通知。承运人在车站公共装卸场所内组织卸车的货物,到站应不迟于卸车完了的次日内发出领货通知或送货通知。领货通知或送货通知可以采用电话、短信或邮件等通知方法,收货人也可与到站商定其他通知方法。内交付货运员负责向收货人发出领货通知或送货通知,并在货票丁联内记明通知的方法和时间,使用电话通知的,还应记明被通知人姓名。

收货人拒绝领取时,应出具书面说明,自拒领之日起,3 d 内到站应及时通知托运人和发站,征求处理意见。托运人自接到通知的次日起 30 d 提出处理意见答复到站。

(五)交付工作

交付工作包括票据交付和现货交付两部分。

1. 票据交付

（1）铁路货场到达货物

凡在铁路货场领取货物或到站负责送货上门货物，收货人必须凭"领货凭证"办理票据交付手续。收货人为个人的，还须本人身份证；收货人为单位的，还须有该单位出具所领货物和领货人姓名的证明文件及领货人本人身份证。不能提出"领货凭证"的，可凭有经济担保能力的企业出具担保书取货。

（2）专用线（专用铁路）到达货物

收货人以领货凭证及领货本人的居民身份证领取专用线（专用铁路）到达的货物。领货凭证未到或丢失，必须提出记明货物的发站、托运人、收货人、货票号码、品名、件数和重量及领货人姓名、居民身份证号码的证明文件。

到站认真审查核对收货人所提出的领货凭证、身份证和证明文件，重点核对领货凭证、证明文件与货物运单的记载是否完全相符，货物运单与领货凭证上骑缝戳记是否吻合。到站应将领货人身份证号码记载在货票丁联上，收回的领货凭证、有效证明文件应粘贴在货票丁联上。

收货人补齐一切运输费用，并在货票丁联上盖章或签字，车站在运单和货票上加盖交付日期戳，将货物运单交收货人凭以到货物存放地点领取货物。

2. 现货交付

交付货运员凭收货人提出的货物运单点交货物，然后在货物运单上加盖"货物交讫"戳记，记明交付完毕的时间，将运单交还收货人凭此出货。车站也可根据需要，建立货物搬出证制度。

按合同约定承运人负责送货上门的货物交付，由承运人提供道路运输工具，将货物运至指定送货地点，交付货运员凭收货人提出的货物运单点交货物，然后在货物运单上加盖"货物交讫"戳记，记明交付完毕的时间，将运单交还收货人。

由承运人组织卸车或发站由承运人组织装车到站由收货人组织卸车的货物，在向收货人点交货物或办理交接手续后即为交付完毕；发站由托运人组织装车，到站由收货人组织卸车的货物，在货车交接地点交接完毕即为交付完毕。

（六）货物搬出

收货人持有加盖"货物交讫"戳记的运单或搬出证将货物搬出货场，门卫对搬出的货物检查品名、件数、交付日期与运单、搬出证记载是否相符，经确认无误，收回搬出证后放行。

知识点四 整车货物作业标准

（一）货运职业名称及定义

（1）货运员：在铁路车站从事货物运输承运、保管、装车、卸车、交付作业的人员。

（2）货运计划员：从事铁路车站货物运输合同订立及货物运输计划管理的人员。

（3）货运检查员：对铁路运输过程中的货物（车）进行交接检查的人员。

（4）货运核算员：从事铁路货物运输费用计算，运输收入票据的请领、验收、保管、使用、交接、缴销，运输收入进款的核收、保管、存汇、结账、报账的人员。

（5）货运调度员：从事铁路车站货物装卸车组织和车辆拨配等作业的人员。

（6）货运安全员：从事铁路货物运输事故处理的人员。

（7）货运值班员：从事铁路车站货物运输受理、承运、保管、装车、卸车、交付和事故处理等作业的组织指挥人员。

(二)整车货物作业程序

整车货物作业程序如图 1.3 所示。

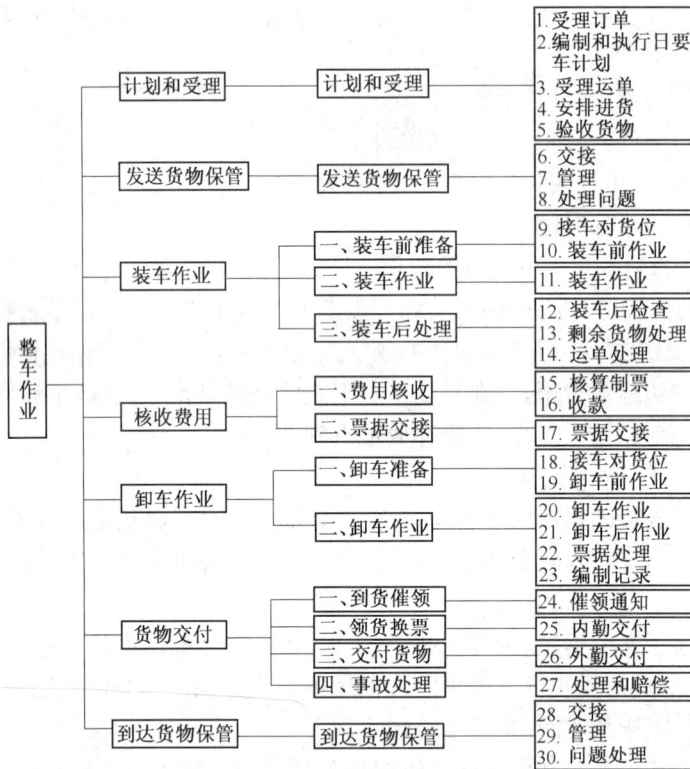

图 1.3　整车货物作业程序图

(三)车站整车货物作业要求(TB/T 2116.2—2005)

车站整车货物各类作业标准见表 1.14～表 1.19。

表 1.14　车站整车货物运输计划和受理作业标准

程序	项目	作 业 内 容	质 量 标 准
计划和受理	受理订单	(1)按规定受理托运人提出的铁路货物运输服务订单(简称"订单",下同),一式两份 (2)审核订单的填记内容 (3)审核后,按订单所提要求,计算各项收费并填写报价金额,盖章后交还托运人一份,承运人留存一份并上报铁路局 (4)接收铁路局批准的计划,将批准的号码填记在订单上,当日或次日内将批准的计划通知托运人,未列入计划部分退还托运人 (5)根据批准的货运计划填写月度运输计划完成情况统计表(简称货统1,下同) (6)按规定办理托运人提出的旬要车计划表(简称货统11,下同)	(1)准确执行政府法令、运输政策及铁路规章、命令的规定 (2)"订单"填写项目齐全,正确,字迹清楚,不涂改;不违反到站营业办理限制,货物名称符合规范,车种及吨位与货物相匹配;报价准确 (3)按规定程序上报 (4)货统 11 填记无误

续上表

程序	项目	作 业 内 容	质 量 标 准
计划和受理	2 编制和执行日要车计划	(1)根据批准的装车计划、托运人备货情况及进货验收的货物运单,编制日要车计划 (2)填制货运工作日况报告附表(简称运货 5,下同)上报铁路局,办理次日请求车 (3)接收铁路局下达的次日承认车,并登记"运货 5",根据承认车,通知货区做好装车准备 (4)统计和填制当日运货 5 和货统 1	(1)装车计划均衡 (2)完成批准的日计划,兑现运输方案 (3)符合运输组织原则,确保重点物资运输 (4)不允许无计划装车
	受理运单	(1)审查货物运单(简称运单,含物品清单,下同)填记内容 (2)检查托运人应提出的有关证明文件、委托书以及证明委托的介绍信;在证明文件背面注明托运数量,加盖车站日期戳后,退还托运人或按规定留存;对需随货同行的证明文件,以及受托人委托代递的文件、单据,附在运单背面,必要时使用货运票据封套(简称封套,下同) (3)确认托运人付款方式 (4)加盖"计划(受理)专用章"及有关戳记	(1)运单填记的相关内容与订单记载一致,领货凭证各栏记载内容(包括盖章或签字)与运单相应栏内容一致,并符合《货物运单和货票填制办法》及有关规定 (2)无违反政令限制、货运营业办理限制(包括临时停限装)、最大起重能力限制和《铁路专用线专用铁路名称表》规定等情况 (3)符合特定通行区段和货车使用限制的规定
	安排进货	(1)在运单上填写指定搬入日期 (2)根据货物性质、包装、状态、品名、数量,合理安排进货货区、货位 (3)将运单交给托运人,凭运单进货	(1)货位安排符合货位分工的要求,进货方便装车 (2)不允许无计划进货
	验收货物	(1)按运单上的指定货位安排进货,提出货物堆码要求 (2)检查品名、件数、包装、标记、标志;如托运人对发送货物未检斤的按规定检斤,已检斤的按规定抽查货物重量、体积,并登记"检斤验货登记簿" (3)检查加固材料、装置、货车装备物品和篷布绳网 (4)货物进齐验收后,在运单上填记货位号码、验收日期,加盖验收货运员名章;登记有关台账并通知车站货调 (5)进行班组、工序间的交接	(1)货物堆码符合 TB/T 1937 标准和防火安全的规定 (2)货物与运单记载一致,包装符合规定要求,包装储运图示标志符合 GB/T 191 (3)加固材料、装备物品数量、质量、规格符合规定 (4)现场交接签证,责任明确

表 1.15　车站整车货物运输发送货物保管作业标准

程序	项目	作 业 内 容	质 量 标 准
发送货物保管	6 交接	对交班货物逐批点件,以现货核对登记簿(卡),并在交接班簿办理签认	交接认真,责任清楚,不信用交接
	管理	(1)仓库进出货时按岗位责任开启库门,巡视、阻止非作业人员入库,作业完毕及时锁闭库门 (2)保密、涉外、精密、贵重、高档物品建立专簿登记,交接签证 (3)对本责任区的消防器材、电源、火源检查交接,阻止吸烟及违章明火作业 (4)对露天存放的怕湿货物,检查堆码、苫盖、铺垫情况	(1)非铁路作业人员和车辆不应进入库内;无作业时,库门锁闭状态良好 (2)灭火器材数量正确,状态良好;责任区无违章用电、用火、吸烟情况 (3)无被盗、丢失、损坏事故及问题

续上表

程序	项目	作 业 内 容	质 量 标 准
发送货物保管	问题处理	(1)交接和巡视中发现问题应及时向领导和有关部门报告并积极妥善处理 (2)无法交付货物按规定编制记录,交安全室处理	(1)报告问题及时,处理问题妥善 (2)记录编制及时、准确,内容完善

表 1.16　铁路车站整车货物运输装车作业标准

程序	项目	作 业 内 容	质 量 标 准
接车对货位	接车对货位	(1)向货调报告待装货物的品名、到站、要求车种吨位及送车顺序,说明重点及积压货物 (2)接收下达的配车计划及送车通知 (3)检查线路安全距离;有作业车时通知装卸班组整理原作业车内货物,撤出人员,停止原有装卸作业,撤除防护信号 (4)现场会同调车组对货位 (5)抄录车种车型、车号、标重 (6)通知装卸班派班装车	(1)车种吨位适合货种、吨位;重点货物不积压 (2)安全距离符合规定 (3)送车位置便于装车 (4)抄录车号等无错漏
一装车前准备	10 装车前准备	(1)监装货运员主持车前会,向装卸工组传达货物品名、性质、件数、重量、装载方法(方案)、装车时间要求及注意事项等;提示装卸工组按规定安设防护信号,带齐工具备品 (2)需手推调车对货位的,组织胜任人员进行 (3)检查车辆的车体、车门、车窗、盖、阀状态(包括透光检查),清洁状况以及有无扣修通知、通行限制;货运员、装卸工组共同清点、检查待装货物;应由托运人对车辆进行检查确认的,经托运人同意 (4)检查重质散装货物的货车量尺划线情况 (5)按运单记载核对待装货物 (6)复查加固材料、装置、货车装备物品和篷布绳网 (7)填写"货车篷布到达、使用通知单"(铁运篷—5,下同),领取货车篷布,需施封的,准备好施封锁和加固铁线 (8)检查篷布质量,核对篷布号码	(1)作业事项等布置周密,传达清楚 (2)防护信号安设符合规定,工具备品齐全 (3)车体、车门、车窗、盖、阀良好,符合车辆使用及通行限制,清扫干净 (4)手推调车符合《铁路技术管理规程》等有关规定 (5)货物与运单记载相符,无异状 (6)加固材料、装置、货车装备物品和篷布绳网数量、质量、规格符合规定 (7)篷布质量良好,腰边绳齐全;施封锁站名号码清楚 (8)货车篷布号码清楚,与"铁运篷—5"相符
二装车作业	11 装车作业	(1)向货调报告装车车号、货物品名、到站及开始装车作业时间 (2)按装载加固方案装车,边装车、边检查,多车同时作业时,巡回监装 (3)重点货物按规定会同有关人员监装 (4)作业中发现问题及时处理 (5)掌握作业进度,向货调报告实际装完时间 (6)按规定加固、施封或苫盖货车篷布,插放货车表示牌	(1)报告及时准确 (2)装载加固方案落实;防磨、防火、防湿措施及加固施封有效 (3)充分利用货车载重能力,无偏载、超载、集重、超限 (4)车内货物堆码及加固符合"装载方案";票货相符,无错装;破件不上车 (5)敞车端侧板以上部分装载袋装货物包口朝向车内,棚车装货物不挤压车门 (6)施封有效,加固良好,货车表示牌内容齐全

续上表

程序	项目	作 业 内 容	质 量 标 准
三装车后处理	12 装车后检查	(1)检查装载、加固及篷布苫盖情况 (2)检查车辆门、窗、盖、阀关闭状态和施封情况 (3)检查原货位及相邻货位情况 (4)检查附属作业 (5)有计量、检测设备的,检查重量,按规定处理超偏载 (6)按规定进行装载质量签认 (7)提示装卸工组按规定撤除防护信号 (8)签证装卸工作单	(1)符合装载加固、篷布苫盖规定 (2)车门、窗、盖、阀关闭妥当,施封符合规定 (3)无漏装,相邻货位无异状 (4)运单有关项目填写完整正确 (5)附属作业及签证装卸工作单符合规定 (6)装载质量签认符合要求
	13 剩余货物处理	(1)整理和清点货位剩余货物 (2)通知托运人按规定处理剩余货物	(1)运单托运人填写栏目更改处由托运人签章证明;货物价格栏需更改时,要求托运人更换运单 (2)装车次日起3 d内处理完剩货;超过3 d未处理完的,按章核收费用
	14 运单处理	(1)在运单、领货凭证上填记承运人应记载的事项,如车种车号、标重、篷布或施封号码、标记、代号等,需托运人更改运单内容时,通知托运人更改 (2)登记货物承运簿(铁运 10) (3)登记货运票据移交簿,将运单送交内勤核算制票	(1)运单和货物承运簿登记项目完整,填写正确、清楚 (2)票据交接及时并有签证

表 1.17　铁路车站整车货物运输核收费用作业标准

程序	项目	作 业 内 容	质 量 标 准
一费用核收	15 核算制票	(1)签收运单后,检查填记的有关事项 (2)根据运单填制货票(计算机制票),经办人签章 (3)计算装车费及杂费并开具专用收据 (4)有押运人的,发给押运人须知,并要求托运人在货票甲联上签收 (5)在运单、货票上加盖车站承运日期戳,并在运单与领货凭证上填记运到期限、货票号码、加盖骑缝章 (6)将货票丙联、专用收据和领货凭证移交收款核算员	(1)应附证明文件齐全有效 (2)运杂费计算符合《铁路货物运价规则》规定 (3)货票填制符合《货物运单和货票填制办法》规定,金额填写错误按作废处理 (4)押运人须知发放、签收正确 (5)使用票据封套符合《铁路货物运输规程》规定
	16 收款	(1)根据票据记载的金额核收现金,当面点清,款额相符,检验无假币 (2)核收转账支票(汇票)确认签发日期是否有效,根据票据记载核对支票(汇票)金额 (3)按章核收运杂费迟交金 (4)整理票据,填制票据整理报告(财收—4) (5)复核、总复核货票计费	(1)现金保管妥善,解缴及时 (2)账款分管,无漏收、错收、溢收 (3)支票(汇票)多余款,按原账号退还,不发生现金支付 (4)运杂费迟交金核收正确 (5)财收—4填制正确 (6)补退款正确
二票据交接	17 票据交接	(1)将运单及货票丁联按规定折叠,登记票据移交簿,向有关人员移交 (2)未使用的票据按号码交接 (3)将使用过的货票甲、乙联分别按日装订成册入库保管、上报铁路局	(1)票据交接清楚,点交签证 (2)票据装订整齐,保管妥善 (3)上报及时、准确

表 1.18　铁路车站整车货物运输卸车作业标准

程序	项目	作 业 内 容	质 量 标 准
一卸车准备	18 接车对货位	(1)接收卸车计划,安排卸车货位 (2)检查卸车票据(包括记录),确认是否到达本站、本线(区)卸车的货物 (3)检查线路安全距离;有作业车时通知装卸班组整理原作业车内货物,撤出人员,停止原有装卸作业,撤除防护信号 (4)现场接车,会同调车组对准货位 (5)通知装卸派班员派班卸车	(1)卸车货位安排合理 (2)确认待卸车辆即为到达本站、本线(区)卸车的货物,无误卸 (3)安全距离符合规定 (4)停车位置便于卸车 (5)核对的内容无错漏
一卸车准备	19 卸车前作业	(1)根据货位和货物有关尺寸、包装、重量及其性质和安全的要求等,选择合理的货物堆码方法 (2)监卸货运员主持车前会,向装卸工组传达货物品名、性质、件数、重量、堆码方法、卸车时间要求及注意事项;提示装卸工组按规定安设防护信号,带齐工具备品 (3)需手推调车对货位的,组织胜任人员进行 (4)按票据及封套记载核对待卸车的车种车型、车号、标重,检查货车、货物装载、篷布及施封状态,核对封印站名号码或篷布号码;发现问题及时通知有关人员会同检查和处理 (5)检查卸车货位清扫状态 (6)根据卸货需要,组织工组准备防湿篷布、铺垫物品及卸货备品和工具	(1)选择的堆码方法符合 TB/T 1937 标准 (2)作业事项等布置周密,传达清楚;防护信号安设符合规定,工具备品齐全 (3)手推调车符合《铁路技术管理规程》等有关规定 (4)票、货、车核对相符;反映情况真实,处理符合规定 (5)货位清扫干净,使用符合货位分工的规定 (6)防湿篷布及铺垫物品质量好、数量足,铺垫妥善;卸货备品和工具齐全
二卸车作业	20 卸车作业	(1)向货调报告货车送到时间及开始卸车时间 (2)拆封或撤除货车篷布及加固材料 (3)边卸车、边检查,指导作业,多车同时作业时,巡回监卸,按照货物运单清点件数,核对标记,检查货物状态 (4)对重点货物按规定会同有关人员监卸 (5)作业中发现问题及时处理(必要时,通知收货人到场);对事故货物采取抢救和保护措施 (6)掌握作业进度,向货调报告卸完时间 (7)抽查货物。登记"检斤验收登记簿",发现问题通知内勤补收费用并按规定拍发电报	(1)报告及时准确 (2)拆封和保管符合规定 (3)票货相符,件数清点准确,无漏卸,无损坏 (4)事故货物按《铁路货物运输事故处理规则》妥善处置,不扩大损失 (5)检斤验货认真,维护路收完整
二卸车作业	21 卸车后作业	(1)清扫车辆,检查车辆内和线路中有无残留货物,车门、车窗、盖、阀、端侧板关闭状态,撤除表示牌 (2)检查货物安全距离,清理线路 (3)按规定对货车洗刷除污(回送) (4)按规定折叠篷布,货车篷布号码与票据记载不符、腰边绳不全或篷布破损时,正确处理;填写"铁运篷—5",交由工组连同货车篷布送往固定地点;自备篷布及加固材料,装备物品放在货垛旁 (5)监卸货运员签认装卸工作单	(1)车内无货物残留,清扫干净,车门、车窗、盖、阀、端侧板关闭妥当 (2)货物安全距离符合规定 (3)货车洗刷除污干净(或按铁路局调度命令回送) (4)货车篷布、自备篷布、装备物品处理符合规定 (5)签认准确无误

续上表

程序	项目	作 业 内 容	质 量 标 准
二卸车作业	22票据处理	(1)逐批登记卸货簿(卡),在货票丁联记明卸车日期和时间 (2)登记票据移交簿,将票据送内勤办理交接签证	(1)登记项目齐全准确 (2)票据交接及时清楚
	23编制记录	(1)发现货损货差等应编制货运(普通)记录的,应在发现当日编制不带号码的货运(普通)记录(参加检查货物的有关人员签名) (2)记录、票据和应附材料送货运安全室,并在票据移交簿上办理交接	(1)记录编制及时准确,内容完整,实事求是 (2)不伪编、迟编、漏编、误编记录 (3)票据及时移交,交接清楚

表 1.19 铁路车站整车货物运输货物交付作业标准

程序	项目	作 业 内 容	质 量 标 准
一到货催领	24催领通知	(1)应在不迟于货物卸车完了的次日内发出催领通知,并在货票丁联上记明通知时间和通知方法,使用电话通知的,记明被通知人姓名 (2)对未及时领取的,再次发出催领通知	催领通知及时、无误、无漏,记载齐全
二领货换票	25内勤交付	(1)查验领货凭证、委托书、证明文件、担保书、个人证件和领取人的居民身份证,确认正当收货人 (2)在货票丁联上记载领取人身份证号码及姓名;将领货凭证或证明文件粘贴在经收货人签章(签名)的货票丁联背面备查 (3)收清费用 (4)对原车有需特价回送运输的物品的,填发"特价运输证明书" (5)在运单和货票上加盖交付日期戳和经办人名章,将运单(包括"特价运证明书"及代递单据)交给收货人,并告知收货人领货地点 (6)收货人查询,货物来到时,在领货凭证背面加盖车站日期戳证明;货物逾期未到时,按《铁路货物运输管理规则》规定应编制货运记录的,通知安全室编制货运记录交收货人,拍发电报依次从发站顺序查询 (7)货物逾期到达,按规定支付违约金	(1)收货人与运单记载相符或符合规定,不误交付 (2)手续办理齐全正确,收费准确 (3)加盖清晰的当日车站日期戳记和经办人名章 (4)记录编制、逾期查询及时,不指使货主外出自行查找 (5)支付违约金,不拖不赖
三交付货物	26外勤交付	(1)根据运单核对卸货簿(卡) (2)在卸货簿(卡)上填记货物搬出时间 (3)逾期搬出时,通知收货人交清费用 (4)在现场向收货人点交货物和自备篷布、加固材料及货车装备物品等,与运单(记录)记载相符后在运单上加盖"货物交讫"戳记,将运单、货运记录、《铁路货运事故赔偿指南》一并交给收货人,填发货物搬出证,在搬出证上签注搬出日期,经办人签章 (5)交付中发现事故,按规定编制不带号码的货运记录,送货运安全室处理,告知收货人与安全室联系	(1)运单(记录)、卸货簿(卡)、货物核对相符,不错办、不误填 (2)不错交、漏交,不漏收 (3)货物搬出证填发正确 (4)"货物交讫"戳记、办人签章清晰 (5)记录内容实事求是;将货运记录货主页交给收货人

续上表

程序	项目	作 业 内 容	质 量 标 准
四 事故处理	27 处理和赔偿	(1)安全室按《铁路货物运输事故处理规则》规定,编制货运记录,票据送内勤办理交接签证 (2)按《铁路货物运输事故处理规则》进行事故调查和鉴定货物损失程度 (3)受理货主赔偿要求 (4)理赔	(1)不迟于卸车的次日将货运票据移交内勤 (2)事故调查处理及时,鉴定货物损失程度实事求是 (3)正确计算赔偿金额 (4)在规定时间内办理赔偿

到达货物保管执行"车站整车货物运输发送货物保管作业标准"。

注:以上要求及标准均出自中华人民共和国铁道行业标准 TB/T 2116.2—2005《铁路车站货运作业》第 2 部分:整车货物作业,该标准于 2005 年 6 月 27 日发布,2005 年 12 月 1 日实施。

1.2.5 知识拓展——货物保价运输

《中华人民共和国铁路法》规定,铁路实行限额赔偿和保价运输。限额赔偿即行包、货物在运输过程中发生损失,由铁路运输企业在铁路主管部门规定的限额内进行赔偿。但托运人在托运时声明了行包、货物的实际价格,办理了保价运输,铁路运输企业则在声明的价格内,按实际损失进行赔偿。

铁路保价运输是铁路运输实行限额赔偿后,为保证托运人、收货人合法利益,供托运人选择的一种赔偿制度。

1. 保价运输办理条件

保价运输贯彻自愿原则,办不办理由托运人自主决定。托运人办理保价运输时,须在货物运单"托运人记载事项"栏内注明"保价运输"字样,在"货物价格"栏内注明全批货物的实际价格,在交纳运输费用的同时,交纳货物保价费。必须全批保价,不能只保一批货物中的一部分。

保价率不同的货物,作一批托运时,在货物运单上须分别填写货物品名和实际价格,保价费分别计算。

保价率不同的货物合并填写时,适用于其中最高的保价费率。

必须足额投保,只有足额投保才能得到足额的赔偿。

保价运输货物变更到站后,保价运输继续有效。承运后发送前取消托运时,货物保价费应全部退还托运人。

2. 保价金额

全批货物的实际价格即为货物的保价金额。货物的实际价格是指货物在起运地的价格与税款、包装费和已发生的运输费用。

3. 保价费

保价运输时应按货物保价金额的一定比例交纳保价费。

$$保价费＝保价金额×适用的货物保价率$$

货物保价费率见表1.20。

4. 保价运输的赔偿

保价运输的货物发生损失时,按照实际损失赔偿,但最高不超过保价金额。一部分损失时,按损失货物占全批货物的比例乘以保价金额赔偿;逾期未能偿付时,处理站应向赔偿要求人支付违约金。

表 1.20　货物保价费率表

保价率	货 物 品 类
1‰	煤、焦炭、金属矿石(放射性矿石除外)、生铁、非金属矿石[云母、石墨、石棉、金刚石(砂)、刚玉、油石除外]、磷矿石、土、沙、石、石灰、泥土、色土、石料、水泥制品、煤矸石、灰渣、矿渣、炉渣、水渣、原木、木材(人造板材、装饰加工板除外)、锯材、板材、方材、枕木、木片、盐、金属制品、金属结构及其构件、钢、铁丝、金属紧固件、农业机具(养蜂器具及农业机械零配件除外)、农副产品(干花朵、花瓣、竹、藤、棕、草、芦苇、树条等类似材料制品、其他农副产品除外)、纸浆、课本、家具、日用杂品、衣箱、冰、水、动植物、残余物、饲料、特定集装化运输工具
2‰	钢锭、钢坯、钢材等及其制品,铁合金、云母、石墨、石棉、金刚石(砂)、刚玉、油石、其他水泥制品、耐火、耐酸、砖管、陶管、缸管、石棉制品、油毡、人造板材、粮食、化学肥料、铸铁管、瓦楞铁、金属街头、弯头、拆解的运输工具、工业机械。农业机械零配件、竹藤、棕榈等类似材料制品、其他木材加工地副产品、油料、糖料、烟草、植物种子、实用植物油、其他材料制的衣箱、家具、动物油脂、油渣
3‰	原油、放射性矿石、有色金属粉、石油套管、油管、其他有色金属、石制品、玻璃纤维及其制品、建筑陶瓷、耐火、耐酸制品、玻璃砖、瓦、棉花、化学农药、化工品(爆炸品、放射性物品、压缩气体和液化气体除外)、硫酸、盐酸、硝酸、树脂、塑料及其制品、油漆、涂料、颜料、燃料、金属制品、医疗器械、组成的各种运输工具、仪器、仪表元器件、衡器、量具、通信广播电视设备、洗衣机、其他日用电器、其他农业机具、养蜂器具、蚕、蚕子、蚕茧、干花朵、花瓣、糖料、食品、酱腌菜、调味品及其他食品、其他饮料、其他烟草制品、纺织品、皮革、毛皮及其制品、纸及纸制品、医药品、搬家货物、行李、其他陶瓷制品及日用杂品、蒸馏水、蟹、马尾、茧壳、茧蛹、蚕沙
4‰	汽油、煤油、柴油、重油、润滑油、脂、有色金属及其合金、半导体材料、水泥、仪器仪表、量具、钟表、定时器、食糖、干蔬菜、酒、卷烟、磁带、软磁带、唱片、暖水瓶、保温瓶(胆)、眼镜、陶瓷制的缸、钵、坛、瓦、盆、缸盆及缸砂制品、工艺品、展览品
6‰	爆炸品、放射性物品、压缩气体和液化气体、乐器、特定音像机器、特定调温电器、电子计算机及其外部设备、其他电子(电气)及器材、活禽、鲜冻肉及其部分产品、鲜冻水产品、其他鲜活货物(除盆景盆花外)、干果、子实、子仁、果核、肉、蛋、奶制品、水产加工品、乐器、玻璃器皿及其他玻璃制品
10‰	活动物(蜜蜂除外)、鲜瓜果、盆景、盆花
15‰	玻璃、蜜蜂

　　注:1. 保价费率分为五个基本级,两个特定级。一级为 1‰、二级为 2‰、三级为 3‰、四级 4‰、五级为 6‰,特六级为 10‰,特七级为 15‰。

　　2. 集装箱装运的货物及本表所列品名以外的货物, 均按 3‰计算。

　　3. 冷藏车装运的需要制冷的货物,按该货物保价费率的 50%计费。

　　4. 超限货物均按该货物的保价费加收 50%计费。

承运人从承运货物时起,至将货物交付收货人时止,对保价货物发生的丢失、短少、变质、污染、损坏承担赔偿责任。但由于下列原因造成的,承运人不承担赔偿责任:

(1)不可抗力。

(2)货物本身的自然属性或合理损耗。

(3)托运人、收货人或押运人的过错。

5. 限额赔偿的规定

不保价运输的,不按件数只按重量承运的货物,每吨最高赔偿 100 元;按件数和重量承运的货物,每吨最高赔偿 2 000 元;个人托运的搬家货物、行李每 10 kg 最高赔偿 30 元。实际损失低于上述赔偿限额时,按货物实际损失的价格赔偿。

自轮运转(包括企业自备或租用铁路)的铁道机车、车辆和轨道机械暂不办理保价运输。

车站受理一批保价金额在 50 万元以上的整车、大型集装箱货物,一批保价金额在 30 万元以上的其他集装箱货物或一批保价金额在 20 万元以上的零担货物,应在货物运单、货运票据封套或货车装载清单上加盖"△B"戳记(或用红色书写),并在"列车编组顺序表"记事栏内注明"△B"字样。

1.2.6　相关规范、规程与标准

《铁路货物运输规程》、《铁路货物运输管理规则》、铁路车站货运作业标准(TB/T 2116.2—2005)。

《铁路货物运输规程》相关知识

第 23 条　由托运人或收货人组织装车或卸车的货车,车站应在货车调到前,将调到时间通知托运人或收货人。托运人或收货人在装卸车作业完了,应将装车完了或卸车完了时间通知车站。

托运人或收货人负责组织装卸的货车,超过规定的装卸车时间标准或规定的停留时间标准,承运人应向托运人或收货人核收规定的货车延期使用费。

第 27 条　到达专用线或专用铁路的铁路货车篷布,收货人应于货车送到卸车地点或交接地点的次日起,2 d 内送回车站。超过规定期间,对其超过的期间,核收篷布延期使用费。

第 28 条　装载整车货物所需的货车装备物品(禽畜架、篷布支架、粮谷挡板、饲养用具、防寒棉被、苫垫物品)和货物加固材料由托运人准备,并应在货物运单托运人记载事项栏内记明其名称和件数,在到站连同货物一并交付收货人。

收货人需要将上述货车装备物品或加固材料向指定的车站回送的,应在承运人交付货物的次日内填写特价运输证明书(格式八)经到站签证,在 30 d 内托运,不核收运费。

第 31 条　收货人在到站查询所领取的货物未到时,到站应在领货凭证背面加盖车站日期戳证明货物未到。

从承运人发出催领通知次日起(不能实行催领通知时,从卸车完了的次日起),经过查找,满 30 d(搬家货物满 60 d)仍无人领取的货物或收货人拒领,托运人又未按规定期限提出处理意见的货物,承运人可按无法交付货物处理。

第 33 条　到达到站的货物,如已编有记录或发现有事故可疑痕迹,到站必须复查重量或现状。如已构成货运事故,到站应在交付货物时,将货运记录交给收货人。

第 35 条　收货人向到站支付货物运输费用的时间,由承运人组织卸车的货物,应不迟于承运人发出催领通知的次日(不能实行催领通知时,应不迟于卸车完毕的次日);由收货人组织卸车的货物,应不迟于货车调到卸车地点或车辆交接地点的次日。

《管规》相关知识

第 23 条　"特殊货车及运送用具回送清单"(格式六,简称"回送清单"),是铁路内部根据规定运送下列铁路所属的货车或用具(产权属铁路总公司)的运输及交接凭证:

1. 按规定免费挂运的非运用车；

2. 卸(送)空罐车(润滑油专用空罐车应凭收货人提出的货物运单填制货票免费回送)、散装粮食车(K$_{17}$型)、散装水泥车(K$_{15}$、U$_{60}$型)、长大货物车(D型)、运梁专用车(N$_{15}$型)、毒品专用车(W型)、集装箱专用车(X型)；

3. 向指定站回送需要洗刷除污的货车；

4. 铁路空集装箱；

5. 运营用衡器；

6. 按规定以调度命令免费运送的装卸机械和工具；

7. 军用移动设备(军用备品)、军用移动站台和装卸备品、军用捆绑加固材料(装置)；

8. 货车篷布及根据调度命令调拨、送修及修好返回的防湿篷布；

9. 铁路总公司规定免费回送的其他物品。

回送清单由车站负责填发,各栏要填写清楚、正确,有更改时应加盖带有站名的经办人名章。回送清单应具备车站编制的顺序号码,加盖车站日期戳,并有经办人签名或盖章,方为有效。按调度命令回送的应将命令号码记入"回送命令号码"栏内。回送清单一式两份,一份留站存查,一份随同货车(或用具)递送到站。

第25条 货物承运簿、卸货簿(卡)、封套、货车装载清单和回送清单的保管期均为1年。到达的施封锁保管期为6个月。

第28条 车站接到不能按约定时间到达的货物预报后,应立即通告,必要时应发出通知。货物的运到期限期满后经过15 d,或鲜活货物超过运到期限仍不能在到站交付的,到站除按规定编制货运记录外,还必须负责货物的查询工作,依次从发站顺序查询。被查询的车站,应自接到查询的次日起两日内将查询结果电告到站,并向下一作业站(编组、区段或保留站)继续查询。到站应将查询的最终结果及时通知收货人。

第35条 运输途中发生运输票据丢失时,丢失单位或处理站应编制普通记录继运到站,并及时拍发电报向有关站查询,全列车运输票据丢失时,还应于当日上报主管铁路局。被查询站接电后,均应于48 h内电复或继续查询。发站接到查询电报后,48 h内应按货票的内容拍发电报并将货票抄件寄送到站处理。

典型工作任务3 组织煤炭运输

1.3.1 教学目标

1. 能力目标

散装货物载重量利用能力,按章装车,不超载、不亏吨、不偏载、不偏重。

2. 知识目标

掌握货车容许载重量的确定方法和固态散装货物划线装车要求。

3. 素质目标

具备对货运规章的基本运用能力,面对托运人能自如表达和灵活应变的职业素质。

1.3.2 工作任务

请利用本学习单元所学知识,按案例条件与任务要求处理以下案例。

【案例情况说明】 位于河南省平顶山市矿工中路21号的平顶山天安煤业股份有限公司,于2014年9月7日在平顶山东车站托运原煤(批准计划号为09N00388103),分别使用C_{62A}、C_{62B}型敞车各1辆装运,当日由承运人负责装车,车号分别为$C_{62A}4664623/C_{62B}4117617$,均未苫盖篷布,货票码05319/05320。挂入45403次货运列车发往广西玉林车站(收货单位:广西三环企业集团股份有限公司)。于9月18日到达玉林车站。其他未尽事宜自行假设。

【任务要求说明】 请按上述案例情况制定该货物运输工作计划,包括发站的发送作业、途中检查作业、到站的到达作业所涉及的各作业环节组织,并按步骤将实施过程简要记录下来。

【重点注意事项】

在完成这一任务时,请特别注意以下问题:

1. 货车容许载重量的含义及其确定方法。

2. 铁路货车增载规定的应用。

3. 铁路货车相关技术参数的查定方法。

4. 固态散装货物划线装车的计算及操作步骤。

另外,以小组为单位确定观察者一名负责本组成员任务实施情况的汇报,每组派代表从教师处领取学习资料及实训工具,模拟工作情境完成案例所示的货物运输工作。

1.3.3 所需配备

铁路货运规章,敞车模型、货物样品(因煤炭具污染性,可用河沙、碎石等货物代替煤炭)、密度测定仪器(如测比斗等)、货运各工种标牌(可佩戴胸前)、货物运单、货票、戳记、印泥。

1.3.4 相关配套知识

知识点一 货车容许载重量

(一)货车容许载重量的含义及公式

1. 含义

货车容许载重量($P_容$)是货车所能装载货物的最大重量,包括以下三部分:

(1)货车的标记载重量($P_标$):标记在货车车体上的载重量。

(2)特殊情况下可以多装的重量($P_特$):《货规》规定,货物包装、防护物重量影响货物净重或机械装载不易计算件数的货物,装车后减吨有困难时可以多装,但不得超过货车标记载重量的2%。

(3)货车的增载量($P_增$):为做好货车满载工作,在条件允许情况下多装的重量,具体增载规定按《铁路货车增载规定》(铁运〔2007〕218号)执行。

2. 公式

$$P_容 = P_标 + P_特 + P_增$$

(二)货车增载规定

(1)允许增载货车车型、适装货物品类及允许增载重量见表1.21。

(2)使用60 t平车装运军运特殊货物,允许增载10%。

(3)国际联运的中、朝、越铁路货车,以标记载重量加5%为货车容许载重量。

(4)以下车种车型不允许增载:

①企业自备车中标记载重 60 t 及其以上敞车外的其他车种车型。

②P_{13}、P_{60}、P_{61}、P_{62}(含 P_{62K}、P_{62T})、P_{70} 等型棚车。

③N_6、N_{15}、N_{16}、N_{17}(含 N_{17A}、N_{17K}、N_{17AK}、N_{17AT}、N_{17G}、N_{17GK}、N_{17GT}、N_{17T})、N_{60} 等型平车。

④罐车(G)、矿石车(K)、家畜车(J)、水泥车(U)、粮食车(L)、冷藏车(B)、集装箱车(X)、共用车(NX)、毒品车(W)、长大货物车(D)以及长钢轨运输车(T)。

⑤涂打有禁增标记的货车。

表 1.21 增载货车车型、适装货物品类及允许增载重量表

序号	增载货车车型	适于增载货物品类	最大允许增载(t)
1	C_{61}(含 C_{61T}、C_{61K})、C_{62B}(含 C_{62BK}、C_{62BT})、C_{63}(含 C_{63A})、C_{64}(含 C_{64A}、C_{64H}、C_{64K}、C_{64T})型敞车	《铁路货物运价规则》附件一中 01 类煤,03 类焦炭,04 类金属矿石中 0410 铁矿石、0490 其他金属矿石,05 类 0510 生铁,06 类非金属矿石中 0610 硫铁矿、0620 石灰石、0630 铝矾土、0640 石膏、07 类磷矿石、08 类矿物性建筑材料中 0811 中泥土、0812 砂、0813 石料、0898 灰渣等中的散堆装货物	3
2	C_{61}(含 C_{61T}、C_{61K})、C_{62B}(含 C_{62BK}、C_{62BT})、C_{64}(含 C_{64H}、C_{64K}、C_{64T})型敞车	除序号 1 所述品类外的其他适合敞车装运的货物	2
3	C_{62A}(含 C_{62AK}、C_{62AT})型敞车	适合敞车装运的货物	2
4	C_{16}(含 C_{16A})、C_{5D}、C_{61Y}(C_{61YK})、C_{62}(含 C_{62M})、C_{65}、CF 型敞车;企业自备车中标记载重 60 t 及其以上的敞车	《铁路货物运价规则》附件一中 01 类煤	2
5	P_{62N}(含 P_{62NK}、P_{62NT})、P_{63}(含 P_{63K})、P_{64}(含 P_{64A}、P_{64AK}、P_{64AT}、P_{64GH}、P_{64GK}、P_{64GT}、P_{64K}、P_{64T})、P_{65}(含 P_{65S})型棚车	适合棚车装运的货物	1(行包专列中 P_{65} 的装载重量按有关规定执行)

(三)$P_标$ 查定方法及货车容许载重量的确定

在货车容许载重量的确定过程中,必须以货车型号、货物条件为依据,严格按照《铁路货车增载规定》的要求,并结合货车技术参数共同确定。

1. 货车标重的查定

按照货车型号查"铁路货车技术参数表"(《加规》或《超规》附录),可知货车的标记载重量。如 C_{62} 型敞车"载重"栏显示为 60 t,即该型号货车标重为 60 t;C_{61} 型敞车"载重"栏显示 61 t,则其标重为 61 t;C_{16A} 型敞车"载重"栏显示 64.5 t,则其标重为 64.5 t。

2. 货车容许载重量的确定

在货车容许载重量的确定过程中,必须以货车型号、货物条件为依据,严格按照《铁路货车

增载规定》的要求,并结合货车技术参数共同确定。

【例1.4】 使用60 t C_{62A}型敞车装载货物,试确定货车容许载重量。

【解】 根据货车型号及货物条件,$P_容$有两种情况:

(1)装载特殊情况下可以多装的货物(如糖)时

$$P_容 = 60+60×2\%+2=63.2(t)$$

(2)装载其他货物(如机械零件)时

$$P_容 = 60+2=62(t)$$

【例1.5】 使用60t C_{62B}型敞车装载货物,试确定货车容许载重量。

【解】 根据货车型号及货物条件,$P_容$有三种情况:

(1)装载煤、泥土、石料等品类货物时

$$P_容 = 60+60×2\%+3=64.2(t)$$

(2)装载上述品类以外的,但却是特殊情况下可以多装的货物(如散装果冻)时

$$P_容 = 60+60×2\%+2=63.2(t)$$

(3)装载其他货物(如短木材)时

$$P_容 = 60+2=62(t)$$

【例1.6】 使用60 t禁增敞车装载货物,试确定货车容许载重量。

【解】 根据货车型号及货物条件,$P_容$有两种情况:

(1)装载特殊情况可以多装的货物时

$$P_容 = 60+60×2\%=61.2(t)$$

(2)装载其他货物时

$$P_容 = 60(t)$$

知识点二　固态散装货物划线装车

"散装"是指直接将货物置于货车内,不加任何其他包装。散装适用于大宗的不易碰损的货物,这些货物一般不容易包装或不值得包装,如煤炭、矿砂、水泥、油类等。散装要求有特定的运输工具、特定的装卸设备和特定的仓储条件。在具备条件的情况下,散装运输可以加快装卸速度,节省运费和包装费用,从而降低成本;反之,不具备条件而又采取散装运输,则容易引起货损货差。由于液态散装货物大多使用罐车运输,多为危险货物,因此其载重量的控制将在《铁路特殊条件货物运输》教材中介绍,这里主要介绍固态散装货物载重量控制问题。

(一)划线装车的由来

散堆装货物如煤、碎石、砂子、焦炭等货物,单位体积重量比较大,使用敞车装运都能达到货车标重或货车容许载重量。但是这些货物如果装载超载,就会严重威胁行车安全,会使运行中的车辆发生燃轴、切轴、颠覆等行车事故;而货物装载亏吨,又会浪费货车载重能力。为了正确测定货物的重量,最好使用如轨道衡、计量漏斗仓、电子秤等计量设施。有些货运站、专用线(专用铁路),因线路条件不能安装轨道衡等计量设施,可暂按量尺划线装车,但应配备足够数量的轮重侧重仪,抽查重车重量。所谓划线装车,即利用体积确定货物装载重量,首先要正确测定货物的单位体积重量,再按公式计算货物应装载的高度。

(二)划线装车的计算公式

因为　$\rho = \dfrac{P_容}{LBH_货}$，得出

$$H_货 = \dfrac{P_容}{LB\rho} \qquad (\text{m})$$

式中　$H_货$——货物应装载高度,m,计算保留两位小数,第三位数舍去;

　　　$P_容$——货车容许载重量,t;

　　　L——货车内长,m;

　　　B——货车内宽,m;

　　　ρ——货物单位体积重量,t/m^3。

货物的单位体积重量由托运人定期测定,应按月度测定,货种变化不大时每季度至少测定一次,雨季需按批测定。测量时要注意货物的湿度(即含水量)和块粒大小,同一品种的货物要采用抽样多批测量,以求得较符合实际的平均值。装车站应对托运人测定货物密度的工作进行检查、指导、监督,发现问题立即纠正。托运人未按规定测定货物密度或未向车站提报相关记录的,车站有权暂停托运人装车。

(三)划线装车的操作步骤

1. 确定货物的单位体积重量(ρ)

货物密度的测定办法,由铁路局统一制定。

2. 计算出货物应装载的高度($H_货$)

按所装车辆的容积和货物密度,量尺划线,确定装载高度。

3. 在车辆侧板上或车厢内四周用粉笔标出应装载的高度

由组织装车单位根据货车容许载重量和确定的货物装载高度,在车内标划应装高度线。其中:两侧各划 6 道,两端各划 2 道,每道长度不少于 200 mm。划线要均匀、平直。

4. 把货物装到车内标记高度,然后整平

《加规》规定,散堆装货物装车后必须平顶。装车后由装车单位负责对货物顶面进行平整,平整要达到:不压线、不超线、四角满、顶面平。

1.3.5　知识拓展——货车载重量利用

货车满载工作是在安全运输的前提下,提高货物的载重量利用率。其意义在于铁路能以同样数量的货车完成更多的货运量,为国民经济持续、高速、稳定的发展提供必需的运能。做好货车满载工作可以降低铁路运输成本,加速商品流通,节省运输支出,提高社会经济效益,缓和铁路紧张区段的通过能力,并减少车辆使用数量。满载工作的主要方法是:整车货物轻重配装,轻浮货物超定额装载,集装化装载,自备箱(车)回空利用,散堆装货减少亏吨,固定大型车装重质货物循环使用,按规定组织货车增载等。

提高货车使用效率,一方面要加速货车周转,另一方面要提高货车载重量。

1. 货车静载重

货车静载重是指车站、铁路局或全路在一定时期内平均每车装载货物吨数。

货车静载重反映了货车在静止状态下载重量的利用程度。它是铁路衡量装车质量的主要指标之一,也铁路运营工作的主要指标之一其计算公式如下:

$$P_{静} = \frac{\sum P_{发}}{\sum U_{装}} \quad (t/车)$$

式中　$P_{静}$——货车静载重,t/车;

　　　$P_{发}$——一定时期内发送货物总吨数,t;

　　　$U_{装}$——一定时期内总装车数,车。

货车静载重有平均静载重和品类别静载重。影响货车静载重的因素很多,其中主要有运用车大小型车所占比重、货车使用情况、货物性质、货物包装和货物装载方法等。

2. 货车载重力利用率

货车载重力利用率是指车站、铁路局或全路在一定时期内全部所装货车的载重能力被利用的百分率。它是检查货车标记载重量是否充分利用的一项重要指标。其计算公式如下:

$$\lambda = \frac{P_{静}}{P_{标}} \times 100\% \text{ 或 } \lambda = \frac{\sum P_{发}}{\sum P_{标}} \times 100\%$$

式中　λ——货车载重力利用率;

　　　$P_{标}$——货车平均标重,t/车,其计算公式为:

$$P_{标} = \frac{\sum P_{标}}{\sum P_{装}}$$

其中　$\sum P_{标}$——一定时期、一定范围内的货车标记载重量总吨数。

货车载重力利用率指标无论运用车中大、小型车比重如何变动,都可以正确反映货车载重力利用程度。

1.3.6　相关规范、规程与标准

《铁路货物运输规程》、《铁路货物运输管理规则》、铁路车站货运作业标准(TB/T 2116.2—2005)。

典型工作任务4　组织散装水泥运输

1.4.1　教学目标

1. 能力目标

能根据专用线运输设备的状况,合理组织铁路专用线运输。

2. 知识目标

通过组织散装水泥运输,重点掌握专用线管理的基本要求,熟悉铁路专用线、专用铁路运输协议。

3. 素质目标

能对专用线作业进行指导,具备按规章作业的基本职业素质。

1.4.2　工作任务

请利用本学习单元所学知识,按案例条件与任务要求处理以下案例。

【案例情况说明】　秦皇岛线野水泥有限公司于 2014 年 8 月 11 日在秦皇岛南站托运

水泥(散装)61 000 kg(专用线内装车),到站锦州,收货人沈阳铁路局锦州工务器材厂专用线,使用 U_{61} 8031248 装运,货票号码31456,于 8 月 18 日到达到站。其他未尽事宜自行假设。

【任务要求说明】　请按上述案例情况制定该货物运输工作计划,包括发站的发送作业、途中检查作业、到站的到达作业所涉及的各作业环节组织,并按步骤将实施过程简要记录下来。

【重点注意事项】

在完成这一任务时,应特别注意以下问题:

(1)专用线管理的基本要求及基本制度的掌握。

(2)运输协议的签订及作业管理的要求。

1.4.3　所需配备

铁路货运规章,专用线、专用铁路运输协议。

1.4.4　相关配套知识

知识点一　专用线(专用铁路)认知

(一)专用线(专用铁路)的概念

专用线是指厂矿企业自有的线路,与铁路营业网相衔接,并由铁路负责车辆取送作业的企业铁路。

专用铁路是指货运量较大的厂矿企业自有的线路,与铁路营业网相衔接,具有相应的运输组织管理系统,以自备机车动力办理车辆取送作业的专用线,称为专用铁路。

对专用线、专用铁路一般统称为专用线。

随着国民经济的迅速发展和厂矿企业的不断增加,专用线也随之增多。目前,专用线的作业量占全路总运量的 70% 以上。因此,搞好专用线的组织管理工作,直接影响到厂矿企业的生产和销售,也对铁路完成货物运输任务,加速车辆周转,提高铁路效率和效益有着极大的关系。

铁路车站应该配合厂矿企业做好专用线的运输组织和管理工作。凡货主在运单上指明到达专用线卸车,不得强制在货场或其他专用线卸车。凡货主未指定专用线卸车的,不得强制送往专用线。专用线装卸车时,铁路要加强交接检查,确保装载质量。

(二)专用线管理的基本要求

专用线运输是铁路运输的重要组成部分。专用线运输组织和安全管理要以《铁路专用线专用铁路管理办法》为依据,在站长的领导下统一进行。

车站专用线货运员和企业运输员(即企业办理运输的人员),均应经过铁路的专业培训,合格后持证上岗,并应保持人员的相对稳定。

专用线办理的货物运输品类,应符合《铁路专用线专用铁路名称表》的规定。需要变更时,需经铁路局批准,由铁路总公司公布。在专用线内组织直达整零车运输,经铁路局同意。专用线办理铁路集装箱的运输时,须经铁路总公司批准。办理自备集装箱的运输时,按《铁路集装箱运输规则》和《铁路集装箱运输管理规则》的规定执行。

专用线内应有足够的装卸车能力,设有专人值班,做到随到随卸,随到随装。专用线货位要专用化,不得随意变更和挪用。

专用线管理的基本要求是:

(1)要具有良好的技术设备和科学的管理方法,保证企业不间断的生产,装卸车作业昼夜不停地进行,而且能保证行车安全、车辆和货物的完整。

(2)要以运输方案为中心编制统一技术作业过程,大力组织定点、定线、定编组内容的三定列车和成组装车。在编制运输方案时,不仅要考虑提高运输效率,而且要满足企业的生产需要。

(3)为保证专用线的安全,应建立健全必要的规章制度,使专用线逐步做到作业标准化、工作制度化、卫生清扫经常化、管理货场化,达到安全、整洁、畅通的基本要求。

(4)实行经济管理。铁路和专用线要划分经济责任,建立健全统计分析制度,做到日有统计、旬有分析、月有总结。

(三)专用线基本制度

(1)岗位责任制。车站与专用线产权单位分别对进入专用线工作的铁路调车人员、货运员和企业运输员、装卸工等制定岗位责任制,明确工作内容、分工和责任。

(2)分区、分线、分库使用制。股道较多、作业量大的专用线,可根据设备的特点和作业性质,实行划分货位、线路固定使用及仓库分库管理负责制。

(3)检查交接制。对在专用线内作业的货物、车辆、篷布等,路企双方必须制定检查交接制度,明确内容和责任。铁路和企业双方应正确填写货车调送单,按规定办理交接。

(4)预确报制度。车站与企业应制定预确报制度,双方指定专人负责。车站向企业通报装车计划、到货情况和取送车预确报。企业向车站通知装卸车完了时间。

(5)统计分析制度。各级铁路货运管理部门和人员,要认真编制和填写报表,建立设备和统计台账。铁路局在每年1月将上一年度的"专用线运用情况表"报铁路总公司。

知识点二　专用线(专用铁路)运输管理

(一)专用线(专用铁路)运输协议

车站与其接轨的专用线(专用铁路)产权单位,于每年12月底以前,签订下年度专用线(专用铁路)运输协议(见表1.22)。

运输协议规定了铁路与厂矿企业双方的权利、义务和责任,是路企双方为保证质量良好地完成运输任务所应共同遵循的准则。运输协议的基本内容包括:设备状况,交接地点和方法,一次(批)作业车数,装卸作业时间,预确报制度,货车清扫、洗刷、消毒工作,运输生产安全措施及费用清算等。车站在与企业签订运输协议前应征得铁路局同意,站企双方签字盖章后生效,并报铁路局备案。

(二)专用线作业管理

1. 送车作业

车站应按企业使用车要求拨配状态良好的货车。车站在向专用线送车前,按协议规定时间,向专用线发出送车预、确报。内容包括:空、重车数,车种,货物品名,收货人,去向,编组顺序,送车时间。专用线接到预报后,应立即确定装、卸地点,并做好接车准备。专用线运输员接到确报后,应及时打开门栏,提前到线路旁准备接车。货车送进后向调车人员指定停车位置,调车人员按其指定股道、货位停车。

表 1.22　专用线、专用铁路运输协议

为加强专用线、专用铁路(以下简称专用线)管理,提高货运工作质量,保证货物运输和行车安全,根据《中华人民共和国铁路法》和《铁路货物运输规程》的规定,××铁路局××站(以下简称铁路)与××单位(以下简称企业)签订××年度铁路专用线运输协议如下:

一、专用线运输设备状况

专用线运输设备状况表

专用线名称			简称	
产权单位			装卸线(条)	
专用线总延长(米)		有效长(米)	可容纳货车(辆)	
站台(座)		使用面积(平方米)	货位(个)	
仓库(座)		使用面积(平方米)	货位(个)	
雨棚(座)		使用面积(平方米)	货位(个)	
露天货位(个)		货位总计		
装卸机械	名称		小计	
	起重能力			
装卸人力			机车型号及台数	
储油罐体积(立方米)	汽油			
	煤油			
	柴油			
企业自备车			其中罐车	
租用货车			其中罐车	
专用线设计运量				
自车站中心线与专用线末端、专用铁路交接点里程　　　公里。				

二、专用线运输品类设计年运量

发　　送		到　　达	
品名	运量(吨)	品名	运量(吨)

三、预确报及交接

1. 预确报方法:

2. 交接地点:

3. 交接内容及要求:铁路和企业使用货车调送单按《铁路货物运输规程》的规定办理交接。

四、装卸车组织及作业时间

货物品名	一次(批)作业车数	装车作业时间(小时)	卸车作业时间(小时)

五、货车清扫、洗刷、消毒工作

六、运输生产安全措施

七、专用线共用

八、费用清算办法

九、其他协议事项

十、本协议未尽事宜按《中华人民共和国铁路法》、《铁路货物运输规程》等铁路法规执行。

十一、本协议自　　年　　月　　日起生效。任何一方提出修改应在两个月前通知对方。

十二、本协议书正本签字方各一份,副本上报车务段、铁路局。

铁路车站(公章)　　　　　负责人
专用线产权单位(公章)　　负责人

货车送到后,企业应对货车上部设备进行检查,检查门、窗、底板、端侧板是否完好,门鼻、门搭扣是否齐全,车内是否干净,有无异味及回送洗刷、消毒标志等,确定是否适合所装货物。如不适用应采取改善措施,必要时,可向车站提出调换。

2. 装卸车作业

装车时,应充分利用货车的载重力和容积,但不得超过货车容许载重量。货物的装载必须防止超载、偏载、集重、亏吨、倒塌、超限和途中坠落。

企业运输员要负责监装,向装车人员说明注意事项,随时检查装载加固是否符合规定。

装车后,企业运输员负责检查车门、窗、盖、阀是否关闭妥当,需要施封的货车按规定施封,需苫盖篷布的货物,按规定苫盖好篷布。填写装车登记簿,通知车站装车完了时间。

卸车时,企业运输员要向卸车人员说明注意事项,提示卸车重点,检查安全防护设施,并负责监卸。

卸车后,企业应负责将车辆清扫干净,需要洗刷、消毒、除污的应按规定及时处理,如有困难可向车站提出协助处理,费用由委托方承担。关好车门、窗、盖、阀。拆除车辆上的支柱、挡板、三角木、铁线等,恢复车辆原来状态。检查货物堆码状态及与线路的安全距离。卸下的篷布应检查是否完整良好,需晾晒的要晾晒,并按规定将铁路货车篷布送回车站指定地点。

企业运输员要正确填写卸车登记簿,通知车站卸车完了时间。

3. 专用线的交接

铁路专用线货运员会同企业运输员在运输协议规定的地点,使用货车调送单按铁路规定办理交接。施封的货车凭封印交接;不施封的货车、棚车、冷藏车凭车门、窗关闭状态交接;敞车、平车、砂石车不苫盖篷布的,凭货物装载状态或规定标记交接;苫盖篷布的,凭篷布现状交接。

铁路货车篷布、企业自备篷布及需要回送的货车装备物品和加固装置,应在货车(物)交接的同时一并办理交接。上列物品,企业按有关规定或协议妥善保管或回送。上述物品丢失、短少、破损时,应于交接时向车站提出,由车站专用线货运员核实后,按规定编制记录。

专用线内装车的货物,车站发现有下列状况之一时,应加以改善,达到标准后接收:

(1)凭封印交接的货车,发现封印脱落、损坏、不符、印文不清或未按施封技术要求进行施封。

(2)凭现状交接的货物,发现货物装载加固状态或所作的标记有异状或有灭失、损坏痕迹。

(3)规定应苫盖篷布的货物而未苫盖、苫盖不严、使用破损篷布或篷布绳索捆绑不牢固。

(4)车门、车窗未关严(需要通风运输的货物除外),车门插销未插牢固。

(5)使用敞车、平车或砂石车装载的货物,违反《铁路货物装载加固规则》的要求。

(6)违反铁路规定的货车使用限制或特定区段装载限制。

(三)专用线共用(含专用铁路)

专用线共用是指在保证专用线产权单位运输需要和专用线即有设备能力富余的前提下,与其吸引范围内的单位,共同使用该专用线办理铁路货物发到业务。

开展专用线共用是为了缓解铁路货场能力不足,保证货场畅通,挖掘专用线潜力,满足国民经济发展的需要,必须遵循下列原则:

(1)凡铁路运营主业货场工作量不饱和的,不准办理专用线共用。

(2)应坚持自愿互利、有偿共用和就地、就近、方便货主的原则。

（3）专用线办理共用的货物品类和业务范围，原则上不应与其原设计时办理的内容有别。严格控制专用线办理危险货物、超限、超长和集重货物的共用。

在保证专用线产权单位运输的条件下，由共用单位、产权单位、车站三方签订共用协议。车站在签订协议前应征得铁路局的同意。专用线产权单位要向当地经贸委（经委、计经委、交委、交办）申报。临时性共用要签订临时共用协议。协议签订后，必须严格执行，各负其责，组织实施。

实行共用的专用线，车站与专用线产权单位、共用单位间取送车作业和货物（车）交接，同于专用线运输的各项要求。专用线共用管理要逐步走向货场化、规范化、制度化。

总之，组织专用线共用，可以提高专用线的使用效率，减少短途搬运的距离，既提高了运输效率，又减轻了货场负担，缓和了运量与运能之间的矛盾，从而更好地为企业服务。

1.4.5 知识拓展——货场管理

（一）货场管理概述

货场管理，一般指对车站有关货运作业场所全部货物运输生产过程进行计划、组织、指挥、协调和控制，从而使整个车站的货运生产有秩序、有节奏地进行。

1. 货场管理的目标和任务

（1）货场管理的目标

车站货场应根据运输市场和铁路现代化发展的需要，采用先进的技术设备和管理手段，不断提高工作质量和服务质量，努力创优，提高现代化管理水平，保持安全、文明、整洁、畅通；做到服务文明化、管理科学化、作业标准化、运输集装化和装卸机械化。

（2）货场管理的任务

①认真贯彻党和国家的经济政策和运输政策，以及铁路总公司、铁路局颁布的有关货运规章办法。

②贯彻"人民铁路为人民"的宗旨，全心全意为物资单位服务，坚持安全第一、信誉第一、用户第一的方针。在运输质量和服务质量上，让人民满意。

③编制和执行货场管理细则，建立健全以岗位责任制为中心的货场各项基本作业制度，使货场作业在确保安全的前提下，不断提高经济效益和运输效益，加速车辆周转和货物送达，完成和超额完成运输任务。

④建立设备台账，加强现有设备管理，积极挖掘现有设备潜力，积极推广全面质量管理，开发和应用新技术新设备，不断扩大货场作业能力，提高货场工作质量和管理水平。

⑤搞好路内外联劳协作，制定货场交通管理办法，使货场到达重车卸得下搬得出，上站货物进得来装得上，保证货场畅通无阻。

⑥在安全运输上，贯彻"预防为主，处理为辅"的原则，消灭货运责任的行车、货运、火灾、爆炸等重大、大事故和人身伤亡事故。

⑦搞好货场职工政治和业务培训，重视人才的开发，不断提高货场职工政治素质和业务水平。

2. 货场管理的主要内容

货场管理的主要内容包括下述五个方面：

（1）货场计划管理，包括订单管理、货运计划编制及货运日常工作组织。

(2)货场作业管理,包括进货装车作业、卸车出货作业、出车作业和取送车作业。

(3)货场设备管理,包括场库与配线的设置、货区与货位的管理、装卸设备及其他货运设备的运用等。

(4)货场安全管理。包括职工安全和业务教育、货运安全管理制度以及货物损失的防止和处理等。

(5)专用线(专用铁路)管理。包括专用线(专用铁路)管理要求;专用线(专用铁路)运输协议及专用线共用等。

(二)货场分类与配置

1. 货场分类

(1)综合性货场,是指办理整车、零担、集装箱两种以上运输种类及多种品类货物作业的货场。

综合性货场根据年办理货运量分为大、中、小型货场。

大型货场指年货运量在 100 万 t 以上;中型货场指年货运量在 30 万 t 以上未满 100 万 t;小型货场指年货运量未满 30 万 t。

(2)专业性货场,是指专门办理单项运输种类或单一货物品类的货场,如整车货场、零担货场、危险品货场、粗杂品货场、集装箱场等。

专业性货场的设置应根据货物性质及业务繁简、设备条件等实际情况确定。

货运量大、发到货物品类多的车站,为避免作业过于集中和便于管理,可分设几个货场。当在同一车站设有几个货场时,各货场间可按货物运输种类或办理货物的品类、方向进行合理分工。

2. 货场配置

货场配置类型基本上可分为尽端式、通过式和混合式三种。

(1)尽端式货场

尽端式货场是由一组以上尽头式装卸线组成的货场。其装卸线一端连接车站的站线,另一端是设置车挡的终端,如图 1.4 所示。

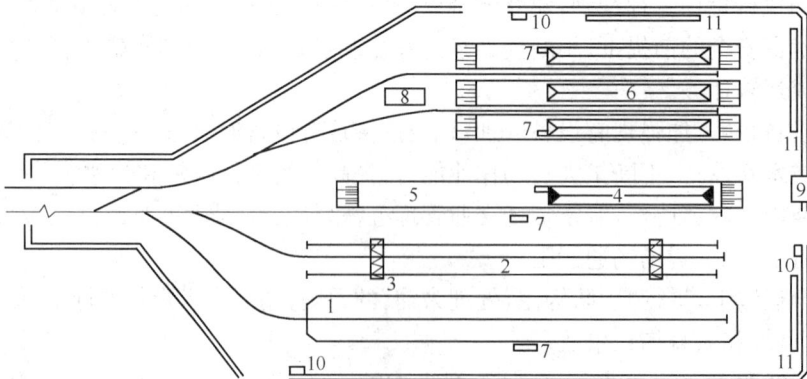

图 1.4 尽端式货场布置图

1—货物线;2—笨重货物及集装箱场地;3—门吊;4—仓库;5—普通货物站台;6—雨棚;

7—货运员办公室;8—中转货运办公室;9—货运营业室;10—门卫室;11—货场其他办公用房。

此类货场的优点是:距离相对较短;线路呈扇形分布,线路与通道交叉少,因而进出货的搬运车辆和取送车作业干扰少,有利于作业安全;运量增加时,货场扩建比较方便。

其缺点:车辆取送作业只能在货场一端进行,使作业车辆的取送受到较大限制;取送车作业与装卸作业有干扰。

(2)通过式货场

通过式货场是由一组以上贯通两端的装卸线组成的货场,其装卸线两端均连接车站站线,如图1.5所示。

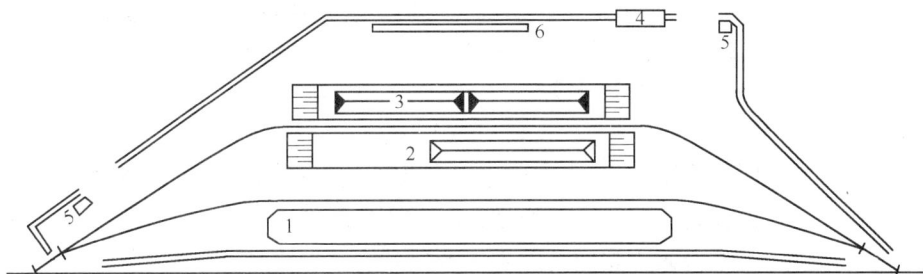

图1.5 通过式货场布置图

1—堆放场;2—雨棚、站台;3—仓库;4—货运办公室;5—门卫室;6—其他办公用房。

此类货场的优点是:货场两端均可进行取送车作业,这对无配置调车机的中间站,利用本务机车取送时,上、下行方向均可作业,十分方便;取送车与装卸作业干扰少;利于办理成组、整列的装卸作业。

缺点:货场线路较长,建设投资相对较大;取送零星车辆时走行距离较长;货场通道和装卸线交叉较多,取送车与搬运作业易产生干扰。

(3)混合式货场

混合式货场是根据办理货物的种类、作业方法,将装卸线一部分修成尽头式,一部分修成通过式。所以混合式货场如图1.6所示,它具有尽端式货场与通过式货场的优、缺点。

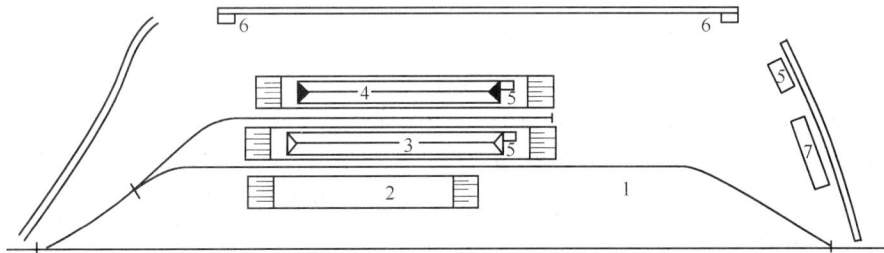

图1.6 混合式货场布置图

1—堆放场;2—站台;3—雨棚;4—仓库;5—货运办公室;6—门卫室;7—其他办公用房。

对混合式货场的布局和使用,应根据货物品类和运量大小来确定。一般地,对运量较小的货物,在尽头式装卸线作业;对较大运量的货物,在通过式装卸线作业。

(三)货场设备管理

货运设备是指在车站或货车上直接用于货物装卸、运送、保管作业以及其他为办理货运业务服务的设备。

1. 场库设备

(1)仓库、雨棚、雨搭

仓库是为存放怕受自然条件影响的货物、危险货物和贵重货物而修建在普通站台的封闭式建筑物。

仓库一般设计成库外布置装卸线路。但在雨雪多、风沙大、气候严寒的地区,作业量大时,也可设计为跨线仓库。其优点是货车在库内作业,不仅改善了装卸工人的劳动条件,并可保证雨雪天不中断作业,避免货物遭受湿损。

雨棚是为避免货物受自然条件影响而修建在普通站台上的带有顶棚的建筑物。雨棚主要用于存放怕湿、怕晒货物。在多雨雪地区,作业量大的货物可根据需要采用跨线雨棚。

雨搭是仓库、雨棚的辅助防雨设备。为避免货物在装卸和搬运作业时遭受湿损,雨搭一般应伸至站台边缘。多雨地区且作业繁忙的,装卸线一侧雨搭可伸至线路中心线以远;搬运站台一侧的雨搭一般应伸出站台边缘 3 m 为宜。

(2)货物站台

货物站台是为了便于装卸车作业,主要用以存放不受自然条件影响的货物而修建的建筑物。货物站台按其结构及高度可分为普通站台和高站台两种。

普通货物站台是指站台面距轨面高度 1.1 m 的站台。

普通货物站台按其与装卸线的配置形式可分为侧式站台和尽端式站台。

尽端式站台是用来装卸能自行移动的带轮子货物,如汽车、坦克、拖拉机等。

尽端式站台可以单独设置,也可以与普通货物站台合并设置(如图 1.7 所示)。

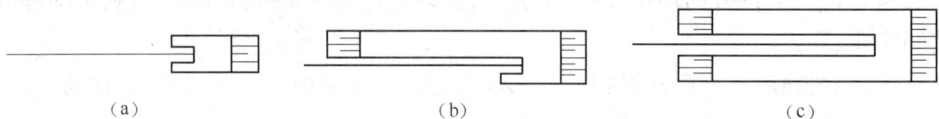

图 1.7 尽端式站台

凡站台面距轨面的高度大于 1.1 m 的站台,统称为高站台。高站台分平顶式、滑坡式和跨线漏斗式三种(后两种一般在企业内采用)。

(3)堆放场

堆放场是主要用来装卸并短期存放煤炭、砂石、木材等散堆装货物、长大笨重货物的场所。按其与装卸线的水平位置分为平货位和低货位两种。

平货位堆放场,即一般常见的堆放场,地面用块石、沥青或混凝土筑成,地面与路基相平。

货物堆放场的地面低于线路路肩的,称为低货位堆放场,即低货位。低货位适用于散堆装货物的卸车作业。利用低货位卸车,可以减轻劳动强度,提高劳动效率。

(4)场库设备能力的计算

①场库面积需要量计算

场库的面积,分有效面积和辅助面积两部分。有效面积是指直接用于堆放货物的面积;辅助面积是指用以搬运、装卸和检查货物的走行通道、货位间隔以及设置衡器等所需要的面积。场库面积可按下式计算其需要量(F):

$$F = \frac{Q\alpha t}{365p} \quad (m^2)$$

式中 Q——仓库、雨棚、货物站台或堆货场年度货运量,t;

　　　α——货物发送或到达的月度不均衡系数,大、中型货场一般可采用 1.2~1.3,小型货场一般可采用 1.5~2.0,季节性特别显著和有特殊情况的货场按实际情况计算;

　　　t——货物保管期限,以昼夜计,一般可采用表 1.23 的数值;

p——仓库、雨棚、货物站台或堆货场单位面积堆货量，t /m²，一般可采用表1.23的数值。

表 1.23　货场设备使用面积计算中的有关技术参数

货运设备名称		单位面积堆货量 p（t/m²）	货物保管期间 t(d)	
			发送前	到达后
整车仓库		0.50	2	3
零担仓库	到达	0.20	—	3
	发送	0.25	2	—
危险货物仓库		0.50	2	3
混合仓库		0.30	2	3
货物站台		0.40	2	3
笨重货物堆货场	整车	1.00	2	4
	零担	0.40		
散堆装货物堆货场		1.00	2	3

注：求算堆货量的总面积时，棚内包括纯堆货面积、叉车或人行通道、货盘间作业和堆货间隔等面积；笨重货物和散堆装货物包括纯堆货面积和堆货箱间间隔面积，但不包括汽车通道和辅助机械走行场地面积。

【例 1.7】　某大型货场欲建一座整车货物发送仓库，该货场年整车货物发送运量为 800 000 t，其中 55% 的运量拟在该库存放，试计算该仓库面积。

【解】　该仓库面积为

$$F=\frac{Q\alpha t}{365p}=\frac{800\ 000\times55\%\times1.2\times2}{365\times0.5}=5\ 787(\text{m}^2)$$

仓库、雨棚、站台、堆放场的一般设计宽度为：大中型仓库、雨棚不小于 24 m，小型仓库、雨棚 12~18 m；站台不小于 12 m；平顶高站台 12~18 m；双向站台 19~28 m；整车货位 6~8 m。

②货场既有场库设备年办理能力计算

货场既有仓库、雨棚、站台及堆货场年办理能力（N）可按下式计算：

$$N=\frac{365Fpk}{t\alpha}\quad(\text{t/d})$$

式中　F——使用面积，m²；

p——单位面积堆货量，t/m²；

k——货位有效利用系数；

t——货物保管期限，d；

α——货物发到月度不均衡系数。

2. 配线

配线包括：货物装卸线、调车线、牵出线、留置线、加冰线、货车洗刷线、轨道衡线、换装线、危险品货车停留线等。

(1)装卸线

装卸线是指办理各类货物装卸车作业用的线路。

货场装卸线有效长度应同时满足取送车和货位容量要求，可按下式计算：

$$L_{铁}=\frac{Q_{年}\,\alpha l}{365P_{静}\,c}\quad(m)$$

式中　$Q_{年}$——年度货运量,t;

　　　α——月度货物发送或到达不均衡系数;

　　　l——货车平均长度,m;

　　　$P_{静}$——货车平均静载重,t;

　　　c——每昼夜取送车次数。

$$L_{货}=\frac{F}{d}\quad(m)$$

式中　F——存放货物需要的面积,m²;

　　　d——货物装卸线一侧或两侧货位的总宽度,m。

按上两式计算的结果,当两者较为接近时,取较大者;当两者相差较大时,则应作适当调整后确定。

(2)牵出线

大、中型货场的牵出线是为货场各类装卸地点挑选车辆、牵出转线等调车作业而设置的,小型货场的牵出线是为摘挂列车甩挂和货场取送车而设置的。

(3)存车线

存车线是指暂时存放或选分车组用的线路。

(4)轨道衡线

轨道衡线是指装有轨衡器设备,专门衡量重、空车用的线路。在工业站、国境站、港湾站及某些需要用轨道衡检斤的货场内,应设有轨道衡。

3. 货物作业区管理

(1)货场作业区的划分

货运量较大的大、中型货场,根据装卸线路的分布、装卸机械的配备、货物运输种类、作业性质、货物品类等到情况,把货场划分为若干区。如按货物运输种类分为整车、零担、集装箱作业区;按办理种别分发送、到达、中转作业;按货物品类分为成件包装货物、散堆装货物、粗杂品、笨重货物、危险货物、鲜活货物作业区;也有按东、南、西、北、中分区的。每个货区设一名货运值班员,负责该货区管理及货运组织工作。货场作业区划分时,还应考虑下列因素:

①要考虑货物性质。不同性质的货物对设备要求不同,包装货物一般属贵重、怕湿货物,应存放在仓库和雨棚内。堆装货物属不贵重、不怕湿货物,应存放在露天堆货场。笨重货物和集装箱货物,需用起重机械装卸,可集中在一个作业区,避免起重机械远距离的走动,提高起重设备的运用效率。鲜活货物需要上水,应集中在有上水设备的线路上。

②要考虑货物流向。在有几个方向的枢纽站及有两个以上货场时,可按方向划分货场作业。在零担发送量大的货场可按上、下行分库。

③要考虑运输方式。不同的运输方式,对作业区的划分有不同的要求,零担货物要求按运输条件各集中在一个作业区,便于掌握和管理。整车货物要求按货物性质分区。

④要考虑减少取送车次数和有利于双重作业。

⑤要考虑有利于货物进出和搬运作业,对大宗货物和笨重货物应固定在道路平坦和搬运距离较近的地方,同时要考虑与取送车作业不相干扰。

货场分区的目的在于合理运用货场设备,保证货物安全,便利取送车和搬运作业,促进货区、仓库、线路的专业化,使职工熟悉业务加强责任心,提高工作质量,加快货物运输和车辆周转。

（2）货场作业区和装卸线的固定

货场作业区和装卸线的固定就是固定作业区和装卸线的使用范围。货场作业区和装卸线固定有以下优点：

①作业地点固定,任务明确,互不干扰。

②工作专业化,便于提高作业效率。

③便于固定装卸机械的使用。

④便于实施计划管理和贯彻岗位责任制。

4. 货位管理

货位是场库在装车前和卸车后暂时存放一辆货车装载的货物或集结一个到站或方向的货物所需要的面积。正确地划分和合理地使用货位,直接关系货场作业能力的大小。

（1）货位划分和标记

货位的划分是根据货场的具体条件因地制宜地划分。整车货位原则上要求能容纳一车的货物,其面积为 $80\sim100\text{m}^2$,宽度为 $6\sim8$ m 为一个货位。零担货物则以集结一个去向或一个到站的货物为一个货位。集装箱货位适当增大。

货位的标记方法。整车货物货位一律采用号码制,即分别仓库、站台和堆货场按照顺序编号。货位标记应标在货位明显处,使工作人员容易看到。标记的方法可用油漆写在墙壁上,也可以用木牌或金属牌悬挂在铁丝上或钉在枕木头上。

（2）货位的使用和掌握

货位的布局与线路的配列形式,通常有平行式和垂直式两种。平行式的配列,即货位长的一边与线路平行,一般在堆货场中划分货位时采用;垂直式的配列,即货位长的一边与线路垂直,短的一边与线路平行,一辆车长内可有几个货位,一般适用于仓库、雨棚、站台划分货位时采用。

在同一条线路上,装车和卸车货位的使用要有利于卸后车辆的利用,提高双重作业比重;有利于人身、货物、设备安全,便于装卸作业和取送车作业;有利于提高调车作业效率,按方案组织成组挂线装车。其使用形式有以下几种：

①一线两侧装卸货位（如图1.8所示）,线路一侧为装车货位,另一侧为卸车货位。其优点是一批作业车数多,便于双重作业,进出货不干扰。适用于运量大且发、到量相等的车站。

②一线装卸间隔货位（如图1.9所示）,在一条装卸线上,装车与卸车货位间隔固定。其优点是便于双重作业,卸后利用时车辆移动距离短。缺点是调送车辆需拉开空档。进出货相互干扰。适用运量小、装卸少、线路一侧有货位且无调车机的车站。

③一线装卸混合货位（如图1.10所示）,在一条线上,一半为装车货位,一半卸车货位。优点是卸后利用时调车行程短。缺点是一次送入作业车数少,不适合大组车作业。适用于一批作业车不多又无调车机的车站。

④一侧装卸平列货位（如图1.11所示）,在线路的一侧外面是装车货位,里面是卸货车位。优点是一次作业车数多,卸后无需调动车辆就可直接装车。缺点是装车搬运距离长,进出货相互干扰。适用于受地形限制、线路不多、一侧地面宽度较大的山区站。

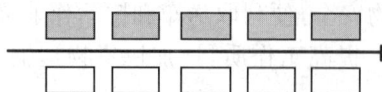

图 1.8　一线两侧装卸货位

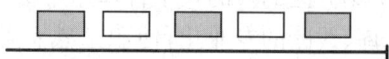

图 1.9　一线装卸间隔货位

图 1.10　一线装卸混合货位

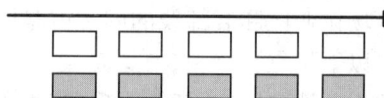

图 1.11　一线装卸平列货位

货场内的进货、装卸和取送车作业,都是根据货位占用情况编制计划的。因此,货位的占用情况必须掌握。货位的占用情况,由车站货调或货运值班员掌握。掌握的方法是在办公室内悬挂货位示意图,在图上挂表示牌显示货位占用情况。如挂红表示牌表示发送货物或中转货物,挂白表示牌表示到达货物,不挂表示牌表示货位空闲,从而准确地掌握货位的占用情况,正确指挥货场进出货、装卸车和取送车作业。

(3)货位占用周转时间的计算

货位占用周转时间是指货位被占用时起,至该次被占用完了(即货位完全腾空)时止的一段时间。它是衡量货位利用效率的主要指标,货位占用周转时间短,表示货位周转的快,运用效率高。

货位占用周转时间($T_货$)的计算有以下两种方法:

①累积计算法,是以一定时期内发送及到达货物占用货位的总时间(按货位分别统计,单位为小时)除以该时期的装车与出货车数之和。即:

$$T_货 = \frac{T_发 + T_到}{V_装 + V_出} \times \frac{1}{24} \quad (d)$$

式中　$T_发$——一定时期内发送货物占货位总时间,h;

　　　$T_到$——一定时期内到达货物占用货位总时间,h;

　　　$V_装$——一定时期内的装车数;

　　　$V_出$——一定时期内的出货车数。

这种方法准确,但须进行细致的统计工作,使用上不方便,一般不采取,只是在查标时采用。

②近似计算法,不按货位分别统计,每天只在 6:00 和 18:00 分别统计一次重货位数。其计算方法:

$$T_货 = \frac{\text{早 6:00 重货位数} + \text{晚 18:00 重货位数}}{2 \times (V_装 + V_出)}$$

式中　$V_装$——当日装车数;

　　　$V_出$——当日搬出车数。

在车站日常统计工作中,只统计整车到达货物货位占用周转时间,发送货物货位占用周转时间不统计。这是因为发送货物占用货位的时间车站可以控制。整车到达货物货位占用周转时间可按下式计算:

$$\text{到达整车货物平均占用货位时间} = \frac{\text{早 6:00 到达货物占用货位数} + \text{18:00 到达货物占用货位数}}{2 \times \text{当日货物搬出车数}}$$

这种方法的优点是统计方便,缺点是不够准确,对长期占用的货位不能反映出来,可采用统计表或货位示意图重点加以掌握。

1.4.6 相关规范、规程与标准

《铁路专用线专用铁路管理办法》。

项目小结

通过本项目的学习,掌握货物运输的条件和基本作业过程,本着货主需求至上的原则,依据铁路货运法律法规的相关规定,完成整车货物在货场或专用线的货运作业,重点掌握散装货物载重量控制问题,做到尽力满足货主要求,为货主提供最经济、便捷、安全、合理的货物运输方式。

复习思考题

1. 请依据教材或其他参考资料,列出铁路货运工作所涉及的法律、规章种类,并思考"《铁路货物运输规程》及其引申规章"与"铁路内部货运管理规则和办法",两者的适用范围有何区别?

2. 按一批办理的条件和限制规定,与货物的体积、重量、长度等因素有关吗?为什么?

3. 货物运输过程可能包含哪几部分?运到期限可能包含哪几部分?它们有关联吗?当发生地震、飓风等自然灾害造成货物无法如期到达到站,铁路应当承担违约责任吗?请说明你的理由。

4. 散装货物装车作业中最重要的工作是什么?

5. 简述铁路货车标重和货车容许载重量之间的区别和联系。

6. 什么是专用线?什么是专用铁路?二者有何区别?

7. 什么是专用线共用?专用线共用必须遵循哪些原则?

8. 两人配合,一人扮演托运人填写运单,一人扮演承运人填写并审核运单(未给条件自拟)。

(1)湖北富鑫物流有限公司于4月2日在汉阳站托运原煤60 t(批准号04N00298800),使用标重60 t敞车装运,当日由托运人负责装车完毕,货票号码:R018738,保价金额30000元,挂入4804次发往鄂州西站,收货人黄冈市宏润燃化有限责任公司。

(2)湖北吉象人造林制品有限公司于5月16日在汉阳站托运纤维板60 t、17件,(批准号04N00287173),使用C_{64K} 4842124一辆装运,标重61 t,当日由承运人组织装车完毕,苫盖篷布两块,篷布号:5008281、5009496,货票号码:R018734,挂入4802次发往文安,收货人:赵永昌。

9. 甲站2014年8月4日按快运承运一批西红柿到乙站,途中在丙站遭遇台风受阻3日,8月10日运到乙站卸车,问是否运到逾期,到站该如何处理。如果是8月13日运到卸车,是否运到逾期?到站该如何处理?(甲到乙站运价里程1 021 km)

项目 2　裸装货物运输组织

项目描述

本项目主要介绍裸装货物装载加固的方法及货物运输费用核算制票等相关知识,要求学生在项目学习后,能分工协作完成裸装货物票据台账填写、运费核算、装载加固等运输组织工作。

拟实现的教学目标

1. 能力目标

(1)能按照车站整车货物作业(TB/T 2116.2—2005)中的规定程序、作业内容及质量要求,分工种协作办理裸装货物的发送、途中、到达作业。

(2)准确核算货物运输费用,正确填记运单、货票等票据、表格、台账。

(3)能依据货物装载加固定型方案,合理使用货位、货车等设备以及防滑衬垫、支柱等加固材料,完成裸装货物的装载加固作业。

2. 知识目标

(1)了解裸装货物特点及装载要求,货物装载加固定型方案的种类及用途。

(2)熟悉常用加固材料的使用方法和注意事项。

(3)掌握装载裸装货物避免集重的方法。

(4)掌握货物运输费用的核算及制票要求。

3. 素质目标

具备分工种协同作业能力,以及对货物装载加固定型方案的识别能力,树立在监装卸作业过程中严守标准、安全第一的职业素质。

典型工作任务 1　组织钢板运输

2.1.1　教学目标

1. 能力目标

能按照车站整车货物作业(TB/T 2116.2—2005)中的规定程序、作业内容及质量要求,分工种协作办理裸装货物的发送、途中、到达作业。

2. 知识目标

(1)了解裸装货物特点及装载要求。

(2)熟悉常用加固材料的使用方法和注意事项。

（3）掌握装载加固定型方案的应用。

3. 素质目标

能分工协作、控制作业时间，具备团队合作的基本职业素质。

2.1.2　工作任务

请利用本学习单元所学知识，按案例条件与任务要求处理以下案例。

【案例情况说明】　武汉农源物资有限责任公司 4 月 2 日在汉阳站托运钢板 58 t，共 8 件（其中 6 大件，每件重 8 t；2 小件，每件重 5 t），计划号 04N00287152，使用 C_{64K} 4900482 一辆装运，标重 61 t，汉钢专用线装车，当日由托运人负责装车完毕，货票号码：R018753，保价金额 280 000 元，挂入 21 803 次列车发往贵阳东站，收货单位：贵州长通电力线路器材有限公司。其他未尽事宜自行假设。

【任务要求说明】　请按上述案例情况选择适当的装载加固定型方案，按步骤简要计划货物各作业环节的工作重点，按要求填写相关票据、表格及台账，分小组做好货运各工种的人员分工，确保在规定时间内按整车作业流程与要求，分工协作完成货物的运输组织工作。

【重点注意事项】　在完成这一任务时，请特别注意以下问题：

（1）裸装货物的特点及其装载注意事项。

（2）票据、表格、台账的填记方法。

（3）分工种协作作业的衔接问题。

（4）训练时间的合理安排与准确把握。

2.1.3　所需配备

铁路货运规章、车辆模型、钢板模型、加固材料、货物装载加固定型方案、货运各工种标牌（可佩戴胸前）、货物运单、货票、戳记、印泥。

2.1.4　相关配套知识

知识点一　裸装货物装载加固

（一）裸装货物特点及装载要求

"裸装"是指将货物用铁丝、绳索等加以捆扎或以其自身捆扎成捆、堆或束，不加任何额外的包装物料。裸装适用于品质比较稳定、可以自成件数、能抵抗外界影响、难于包装或不需要包装的货物，如钢材、橡胶等。

采用裸装形式包装的货物即为裸装货物，通常使用平车或敞车装载，如装载需要加固的货物时，已有定型方案的，必须按定型方案加固；无定型方案的，车站应会同托运人制订暂行方案或试运加固方案，报上级批准后组织试运。

需进行加固的货物，其加固方案应按《加规》的规定办理。

（二）铁路运输装载钢板的要求

铁路装载钢板可使用敞、平车装载。每垛货物高度不得大于货物底宽的 80%，货物层间及与车地板间应衬垫防滑，重量分布应符合《加规》有关规定。

使用平车装载钢板时，可单排或双排顺装，装载高度超出端、侧板时，可使用支柱。每垛钢板使用盘条(钢丝绳)或钢带整体捆绑,捆绑间距不大于 2.5 m。每垛钢板采用反"又"字下压加固 2 道,端部采用交叉斜拉加固。

使用敞车装载钢板,钢板宽度小于 1.3 m 时,应双排顺装,每垛使用盘条(钢丝绳)或钢带整体捆绑,间距不大于 2.5 m。钢板宽度不小于 1.3 m 时,可单排顺装。长度 7～9 m 的钢板允许中部搭头,两端紧靠车端墙。

(三)钢板装载加固定型方案

【例2.1】 编号 070201,长≤3 800 mm 钢板的装载加固定型方案。

1. 货物规格

长度不大于 3 800 mm。

2. 准用货车

60 t、61 t 通用敞车(C_{62}、C_{62m}、C_{65} 除外)。

3. 加固材料

公称直径为 6.5 mm 的盘条,稻草垫(条形草支垫或稻草绳把)。

4. 加固材料要求

(1)稻草垫

①应采用优质、干燥稻草密实编织成型,厚度不得小于 30 mm,压实后不得小于 10 mm。

②禁止使用腐烂变质稻草制作的稻草垫。

③稻草垫限一次性使用。

(2)盘条

①质量应符合国家标准 GB/T 701—2008《低碳钢热轧圆盘条》的要求。

②禁止使用受损、使用过的和表面有裂纹、折叠、结疤、耳子、分层、夹杂的盘条。

5. 装载方法

(1)在车辆两枕梁内外等距离范围内各装 1 垛,装载宽度不小于 1 300 mm。可在车辆中部再装 1 垛,重量不超过 13 t。全车装载重量不超过 55 t,装载方法如图 2.1 所示。

(2)靠车辆两端墙向中部连续均衡装载各 2 垛,装载宽度不小于 1 300 mm,全车装载量不大于 55 t,装载方法如图 2.2 所示。

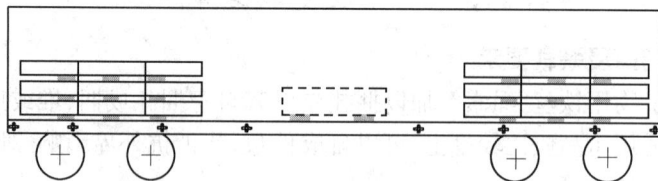

图 2.1　装载方法

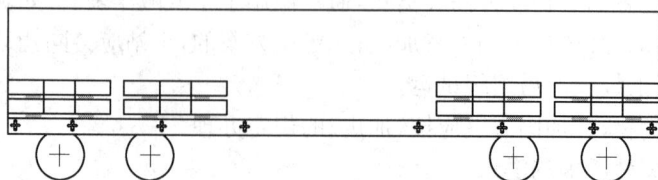

图 2.2　装载方法

6. 加固方法

(1)货物层间及货物与车地板之间铺垫稻草垫(条形草支垫或稻草绳把),其露出货物边缘四周的裕量不得小于 100 mm(货物装载宽度与货车内宽接近时除外)。严格控制货物装车时的温度,以防止稻草垫焦糊、燃烧造成失效。

(2)用盘条 2 股将每垛货物整体捆绑 2 道,绞紧时不得损伤盘条。

【例 2.2】　编号 070202,长 3 000~4 000 mm 钢板的装载加固定型方案。

1. 货物规格

长 3 000~4 000 mm,宽 2 600~3 200 mm,厚 8 mm 以上。

2. 准用货车

木地板平车。

3. 加固材料

直径 13 mm 的钢丝绳(破断拉力不小于 86.6 kN),钢丝绳夹,条形草支垫。

4. 加固材料要求

(1)钢丝绳和钢丝绳夹

①质量应分别符合国家标准 GB/T 20118—2006《一般用途钢丝绳》和 GB/T 5976—2006《钢丝绳夹》的要求。

②禁止使用受损的钢丝绳,禁止用吊车钓钩张紧钢丝绳,紧线器与钢丝绳串联使用时,其抗拉强度应与钢丝绳匹配。

③钢丝绳夹的夹座表面应光滑平整,无尖棱和冒口,不得有降低强度和有损伤外观的缺陷(如气孔、裂痕、疏松、夹砂、铸疤、起磷、错箱等)。

④夹座的绳槽表面应与钢丝绳的表面和捻向吻合;U 形螺栓杆部表面不允许有过烧裂纹、凹痕、斑疤、条痕、氧化皮和浮锈。

⑤螺纹表面不许有碰伤、毛刺、双牙尖、划痕、裂缝和丝扣不完整。

(2)条形草支垫

①质量应满足铁道行业标准 TB/T 3079.2—2003《条形草支垫》的要求,在允许负荷作用下,应不散捆、不崩塌。

②禁止使用腐烂变质稻草或有伤痕、锈蚀的镀锌铁线制作的条形草支垫。

③同层货物下衬垫的条形草支垫规格应相同,限一次性使用。

5. 装载方法

沿车辆纵中心线顺装 3 垛,中间 1 垛重心投影位于货车纵、横中心线的交叉点上,两端 2 垛对称装载。装载方法如图 2.3 所示。

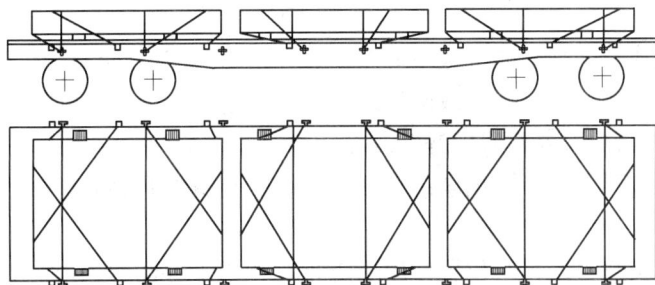

图 2.3　装载方法

6. 加固方法

(1)每垛钢板下铺垫 2 道条形草支垫,间距不小于 2 000 mm,距钢板端部不小于 500 mm。

严格控制货物装车时的温度,以防条形草支垫焦煳、燃烧造成失效。

(2)每垛钢板使用钢丝绳反又字形下压加固2道,捆绑在车侧丁字铁或支柱槽上。

(3)每垛钢板两端用钢丝绳双股兜头交叉拉牵,捆绑在车侧丁字铁或支柱槽上。拉牵加固时,将钢丝绳穿过紧线器或绕过拴结点后,绳头折回与主绳并列,使用与之匹配的钢丝绳夹固定。

(4)固定单股钢丝绳端头时,使用钢丝绳夹的数量不得少于3个,并按图2.4(a)所示进行布置;两根钢丝绳搭接时,并列绳头应拉紧,用不少于4个钢丝绳夹正反扣紧并紧固,如图2.4(b)所示。钢丝绳夹间的距离A等于$6\sim7$倍钢丝绳直径,绳头余尾长度应控制在$100\sim300$ mm间。

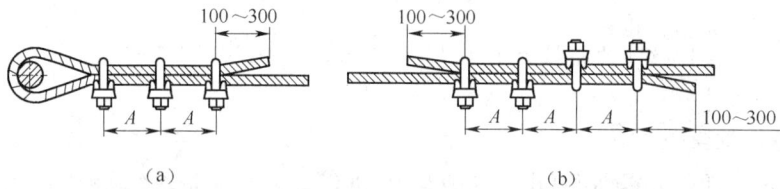

图 2.4　钢丝绳夹使用示意(单位:mm)

(5)应先紧固离拴结点最近的钢丝绳夹,加固时钢丝绳应松紧适度。

(6)搭接钢丝绳时,钢丝绳夹的底板必须扣装在主绳一侧。

知识点二　常用装载加固材料

(一)镀锌铁线

1. 主要性能指标

(1)质量应符合国家标准 GB/T 343—1994《一般用途低碳钢丝》的要求。

(2)破断拉力应以产品标签上的数据为准,许用拉力取其破断拉力的1/2。常用镀锌铁线的破断拉力和许用拉力见表2.1。

表 2.1　常用镀锌铁线的破断拉力和许用应力

线　号	6	7	8	9	10	11	12
直径(mm)	5.0	4.5	4.0	3.5	3.2	2.9	2.6
破断拉力(kN)	6.7	5.4	4.3	3.29	2.75	2.26	1.82
许用拉力(kN)	3.35	2.7	2.15	1.64	1.37	1.13	0.91

2. 使用方法

(1)使用镀锌铁线拉牵加固的方式主要有:八字形、倒八字形、交叉、又字形或反又字形等。各种拉牵方式可单独使用,也可两种或两种以上组合使用。拉牵应尽可能对称。

(2)拉牵加固时,将单股或双股镀锌铁线在货物和车辆的两拴结点间往返缠绕,并应搓紧镀锌铁线使各股松紧度尽量一致,剩余部分穿插缠绕于自身绳杆后,使用绞棍绞紧,余尾朝向车内。

(3)应合理选择货物上的拉牵位置。用于防止货物水平移动时,拉牵位置应尽量低些;用于防止货物倾覆时,拉牵位置可适当高些。

3. 注意事项

(1)拉牵用镀锌铁线直径不得小于 4 mm,捆绑用镀锌铁线直径不到小于 2.6 mm。

(2)镀锌铁线不得用作腰箍下压式加固,一般不用作整体捆绑。

(3)绞紧时不得损伤镀锌铁线。

(4)禁止使用两股以上镀锌铁线一次性缠绕的操作方法。

(5)禁止使用受损、使用过的镀锌铁线。

(二)盘　条

1. 主要性能指标

(1)质量应符合国家标准 GB/T 701—2008《低碳钢热轧圆盘条》的要求。

(2)常用盘条公称直径为:5.5 mm、6.0 mm、6.5 mm。

(3)盘条的破断拉力应以产品标签上的数据为准,许用拉力取其破断拉力的 1/2。常用盘条的破断拉力和许用拉力见表 2.2。

表 2.2　常用盘条的破断拉力和许用应力

直径(mm)	5.5	6.0	6.5
破断拉力(kN)	7.96	9.47	11.12
许用拉力(kN)	3.98	4.73	5.56

2. 使用方法

(1)使用盘条拉牵加固的方式主要有:八字形、倒八字形、交叉、又字形或反又字形等。各种拉牵方式可单独使用,也可两种或两种以上组合使用。拉牵应尽可能对称。

(2)拉牵加固时,将单股或双股盘条在货物和车辆的两拴结点间往返缠绕,并应拽紧盘条使各股松紧度尽量一致,剩余部分穿插缠绕于自身绳杆后,使用绞棍绞紧,余尾朝向车内。

(3)应合理选择货物上的拉牵位置。用于防止货物水平移动时,拉牵位置应尽量低些;用于防止货物倾覆时,拉牵位置可适当高些。

(4)盘条还可用于整体捆绑。

3. 注意事项

(1)禁止使用受损、使用过的和表面有裂纹、折叠、结疤、耳子、分层、夹杂的盘条。

(2)绞紧时不得损伤盘条。

(3)拉牵时,禁止盘条两端头相互搭接缠绕。

(4)盘条不得用作腰箍下压式加固。

(三)固定捆绑铁索

1. 主要性能指标

(1)质量应符合铁道行业标准 TB/T 3079.5—2005《装载加固材料和装置　第5部分固定捆绑铁索》的要求。

(2)固定捆绑铁索规格尺寸见表 2.3。

(3)固定捆绑铁索的破断拉力不得小于 12 kN。

2. 制作要求

(1)固定捆绑铁索由 8 号镀锌铁线 4 股制作,其两端的环状铁线必须拼齐缠绕。

(2)手工制作结构如图 2.5(a)所示;机械制作结构如图 2.5(b)所示;各部分截面形状如图 2.5(c)所示。

表 2.3　固定捆绑铁索规格尺寸

项　　目	尺寸及公差(mm)
索环直径 d	20±5
铁索长度 L	2 450～2 600
绞合部分长度 L_1	90±10(手工制作时)
	120±10(机械制作时)
缠绕部分长度 L_2	30+5
索环长度 L_3	≤60

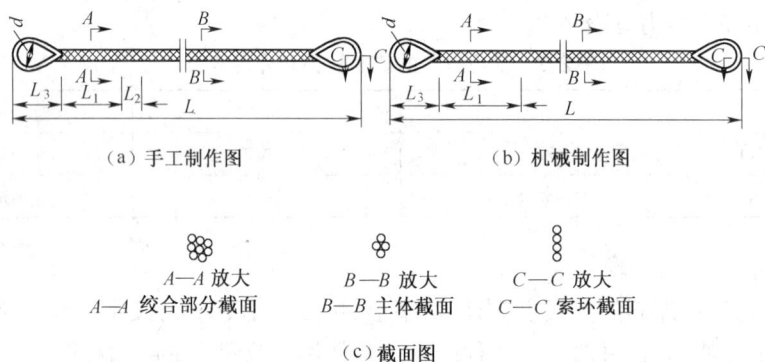

(a)手工制作图　　　　　　(b)机械制作图

A—A 放大　　　B—B 放大　　　C—C 放大
A—A 绞合部分截面　　B—B 主体截面　　C—C 索环截面

(c)截面图

图 2.5　固定捆绑铁索结构

3. 使用方法

(1)加固木材使用固定捆绑铁索作腰线时,应分别用 3 股游线穿入固定捆绑铁索环内,各缠绕支柱 2 周、拧固 3 周,捆绑松紧适度,固定捆绑铁索应与木材密贴。

(2)用一固定捆绑铁索允许使用一个游线环。

(3)固定捆绑铁索可以反复使用。

4. 注意事项

(1)禁止使用锈蚀的固定捆绑铁索。

(2)固定捆绑铁索两端不得同时使用固定游线。

(3)绞紧时不得损伤固定捆绑铁索。

(四)U 形 钉

1. 主要性能指标

常用规格尺寸: $d×L$ 为(2.5～4.0)mm×(30～60)mm,钉肩宽 B 为 15～35mm,钉尖角不大于 30°。具体结构尺寸也可根据实际需要确定。U 形钉的结构如图 2.6 所示。

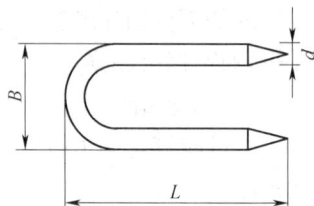

图 2.6　U 形钉结构示意图

2. 使用方法

将 U 形钉骑跨在整体捆绑线(封顶线、腰线、拦护线等)上,并钉固在木材或木质加固材料上。

3. 注意事项

(1)钉固时不得损伤加固线,U 形钉仅限一次性使用。

(2)禁止使用锈蚀、无钉尖的 U 形钉。

(五)支　柱

1. 主要性能指标

一般分为木支柱、钢管支柱和竹支柱三种,常用支柱的材质和规格参见表 2.4。

表 2.4　常用支柱的材质及规格

类型	材质或树种	规　格(mm)		
		长度	大头直径	小头直径
木支柱	榆、柞、槐、楸、桦、栗、栎、榉、水曲柳等各种硬木	不大于 2 800	不大于 85 不大于 160	不小于 65
	落叶松、黄菠萝		不大于 105 不大于 160	不小于 85
	杉木、樟松		不大于 180	不小于 100
钢管支柱	普通碳素钢或其他钢种的无缝钢管或焊接钢管		不小于 65	不小于 65
竹支柱	毛竹		不小于 80	不小于 80

注:各种材质木支柱的直径均不含树皮的厚度。

2. 制作要求

(1)木支柱应以坚实圆直的木材制成,不允许有腐朽、死节和虫眼(表皮虫沟除外),活节不超过 2 个。

(2)钢管支柱须圆直,无裂纹,壁厚不小于 4 mm,禁止使用铸钢管制作支柱。

(3)竹支柱需用节密、瓤实、圆直的竹子制成,不得有腐朽、虫眼和裂缝。

3. 使用方法

(1)敞车使用木、竹支柱时必须倒插。

(2)木支柱外插时应将其大头加工成四方形,紧插在支柱槽内,并适当露出支柱槽下,露出的长度不得超过 200 mm。

(3)钢管支柱外插使用时,其插入端应焊有挡铁。钢管支柱也可用 8 kg/m 以上的轻轨代用。

(4)竹支柱仅限装运竹子及轻浮货物时使用。

(5)使用敞车装载木材、竹子时,支柱的使用数量按《加规》有关规定办理。

4. 注意事项

(1)安插支柱不得超限。

(2)支柱折断时必须更换。

(3)使用平车时,不得使用竹支柱,木支柱不得倒插。

(4)用桦木作支柱必须剥皮或蹾平。

(六)板、方材挡板(壁)

1. 主要性能指标

(1)板、方材挡板用硬杂木制作。

(2)规格:

①挡板长度 2 850～2 900 mm(不小于车辆内侧宽度),高度以板、方材装载高度为限。

②木板厚度不小于 25 mm,木支柱直径为 $\phi(80\sim100)$mm。

2. 制作要求

挡板木支柱必须小头朝上,在车端部均匀分布,最外侧两根木支柱距车辆侧墙内侧的距离(从木支柱中心线算起)不大于 200 mm,其他三根木支柱均匀分布,每块木板与木支柱必须用 2 个及以上圆钢钉钉固。板、方材挡板结构如图 2.7 所示。

3. 使用方法

(1)板、方材挡板安插在敞车两端墙上方,木板下沿与车侧墙上沿密贴,木支柱朝外。

(2)在挡板上方的木支柱上用 2 股 8 号镀锌铁线进行拦护,铁线两端在车端起第一个支柱腰线下缠绕支柱 2 周后拧固 3 周,余尾折向车内,拦护铁线用不少于 10 个 U 形钉与挡板钉固。

(3)装车时,挡板的每根木支柱与车门钩环间各用 8 号镀锌铁线 2 股拉牵加固,车侧各拉 2 道。加固完毕后,将车侧 8 号镀锌铁线用 2 个以上 U 形钉钉固在接触的木支柱或板、方材上。

4. 注意事项

(1)禁止使用腐朽木材制作的挡板。

(2)挡板不得超限。

(3)板、方材不得超出挡板(壁)边缘。

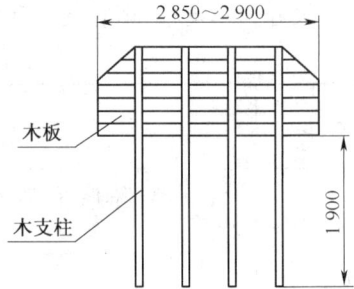

图 2.7 板、方材挡板结构(单位:mm)

2.1.5 知识拓展——车站货运生产组织管理

1. 车站货运生产组织机构(如图 2.8 所示)

2. 车站货运主要岗位责任

(1)货运值班员岗位责任

①在车站的领导下,面向市场,促进营销,规范管理,强基达标。按月、旬、日组织完成、超额完成各项货运指标。

②领导本组职工严格执行运输政策和各项规章制度及车站《货管规则》,督促检查各工种岗位责任制及各专用线运输协议的正确贯彻执行。

③做好货车满载工作,搞好特殊货物和重点货物的安全运输。

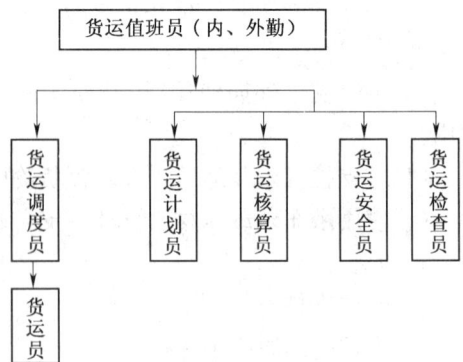

图 2.8 货运生产岗位业务关系图

④负责点名、考勤、调配岗位余缺,正确处理做好班组日常工作。

⑤搞好现场作业控制及基础交班工作。健全班组台账,做好"货物装载加固签认卡"(格式见表 2.5)及"货车交接调送单"的收集审查,按时交货运有关部门。

⑥负责有关规章、文电指示的学习、落实、修改和保管工作。

⑦根据货调分配到各作业区(专用线)的装卸车票据,逐栏登记装卸作业大表;并根据站调下达的送卸计划向专用线货运员通知所送的卸车的发站、收货人、品名、件数、施封、篷布等

内容。

⑧掌握各区(专用线)装卸作业进度,卸车及时消号,做好转表工作。

⑨负责管理卸车货票,按规定与调车区长或专用线共用办公室办理签认交接,站内卸车票据与站内货运员办理签认交接。

⑩统计十八点装卸车完成情况,填写货报一、货报二。

××铁路局

表2.5　_____站货物装载加固质量签认卡

车种车号			货物品名			货物重量		
装载方案号			件数		承运日期		到站	
加固材料及加固装置	名称							
	规格							
	数量							
	来源							
散堆装货物	货车标记长宽			货物密度		轮重测重仪检测情况		
	货车实测长宽			装载高度				
货物规格及装载加固情况								
填制人		填制时间		复验人		复验时间		

备注:1. 本卡一式两份,一份填制人存查,一份由复验人签认后交车站,由专人负责按日顺序装订成册;

2. 专用线、专用铁路填制人应对所填内容的真实性及货物的装载加固负完全责任,承运人复验签认只是对交接检查规定的内容及方案执行情况进行检查复验,不表示对本卡所有内容的全面验核,发生涉及双方责任的问题时,依据《铁路货物运输规程》第59条、60条及相关办理。

(2)货运调度员岗位责任

①严格执行运输政策和有关规章制度,遵守调度纪律,坚持"一卸、二排、三装车"的运输原则,组织均衡作业,提高货运能力,安全、迅速、全面完成货调任务。

②严格执行"请求承认车"、停限装命令。根据到达发送计划和现场劳力、机械、设备等实际情况,正确编制本班当日及阶段生产计划,及时提出装卸车取送计划,并督促实施。

③指导各种货物(特别是特殊条件运输的货物)的装载加固标准作业,收集作业中的"三次汇报",及时帮助解决发生的疑难问题。

④正确办理货物运输变更及换装整理。

⑤认真审查承认车的运单填记标准,装车制票后,与核算员、车号员办理交接手续。

⑥正确填制日、班工作资料。按标准完成其础交班条件。

(3)货运计划员岗位责任

①认真执行国家政策和铁路规章,停限装命令,自觉遵守计划纪律,做好经济调查,组织落实货源工作,保证重点、兼顾一般,坚持均衡运输,组织成组装车,协助企业改善包装,巧装满载,提高运输质量。保证年、月度计划的完成。

②坚持"铁路车站货运服务通用标准",以优质服务水平,树立服务窗口良好形象。

③积极搞好货源调查和组织工作,正确提报货运建议计划,编制月、旬、日计划。

④按月作好要车计划,按照承运日期表和专用线月度要车计划,均衡安排日历进货和专用线装车,优先安排个人物品,重点物资,根据货流,最大限度地组织集装箱运输。

⑤按日下达受理计划单,掌握计划兑现情况,受理承运计划应严格审查运单,按批登记承运簿。

⑥熟悉本职业务,掌握车站的业务范围及各主要办理站的营业办理限制和起重能力。

⑦负责审查"铁路货物运输服务订单"、货物运单和凭证文件,在运单上加盖有关戳记,须加固的货物应提出装载加固方案;散堆装货物应提出货物比重;保价保险应足额;在受理需派押运人的货物时,填发"货车押运人须知"。

⑧认真受理军运计划,并与部队商定有关装车事宜,组织日、旬、月计划兑现。

⑨建立健全各种计划台账,认真填写各种报表,分析考核货物品类、发送吨、静载重及日、旬、月计划完成情况,并及时上报,积累历史资料。

(4)货运核算员岗位责任

①严格执行铁路运价政策、规章、办法,做好运、杂费的核收工作。

②正确填制货票、单据,填制票据字迹清晰,不得简化和涂改,核收运杂费正确,做到不多收、少收、漏收,账款相符。正确办理军用制票和计费。加盖戳记,清晰易辨,核收现金的票据,应加盖"现金收讫"戳记。

③制完的货票,按车号、票号登记票据交接本后,与货调办理签认交接。

④将每日填制的货票、票据收入,按顺号正确填写"财收—4"和票据交接单,做到账款相符,并交进款员签收。

⑤做好发送、到达货票及其他票据的自核、互核工作,办理票据的请领、登记、保管并按票号交接。

⑥妥善保管现金和支票,对物资单位发生的待办、待交的款额及时催缴。

⑦负责有关规章的修改。

⑧热情接待货主,耐心解答问讯,提高服务质量。

(5)货运检查员岗位责任

①认真执行有关规章制度和《铁路货检作业标准》,掌握到发列车编组内容及时间,做好货运检查及外勤车号工作。

②严格标准化作业,工作时,要时刻注意机车车辆动态,确保人身安全。

③负责对到、发列车及中转、保留车辆的装载、捆绑加固,篷布苫盖、门窗、阀盖关闭、封印状态等情况的检查。到达及中转、保留车,发现问题及时报告货调,发出列车发现问题及时采取措施进行整理或甩车整装。

④对到达的军用列车(车辆)的装载、捆绑、加固、施封状态,除认真检查外,还应及时向车

站报告。

⑤对危险货物列车到达和出发前,应按规定对货车现状进行检查,检查完毕涂打标记,分别将情况及时上报,并在商检手册和工作日志上记载。

⑥负责对编制记录的车辆进行登记,对交方的记录和自编的记录存查页及时交安全室。

⑦认真填记《货运商检人员工作日志》、《货检员检车手册》等工作台账(各车站的规定不同,参照各站站细),填写清楚、齐全、正确,及时修改和装订有关规章和专刊文电。

⑧货运检查员必须于小运转列车到达前,在接车线等候,待列车停稳后与司机办理交接,交接内容为列车编组顺序表(运统一)、货运票据、现车一并交接,具体交接时机、地点按车站管理细则的规定执行。

⑨将站内各股道存车的车号及时抄回并与系统核对。

⑩编发集结车辆时,货检员出动抄录现车车号,做到随编随抄,发现问题查明原因,及时向站调汇报处理。

⑪保管好各种设备、备品及作业用具,认真执行交接班制度对口交接,对本班已检(未检)待发的列车,在交班簿上登记交班,接班班组接班后,在规定的时间予以复检,不得影响开车。

(6)货运安全员岗位责任

①熟悉本职业务,认真执行《事规》及有关规定,正确编制货运记录。发生货运事故深入现场调查研究,查清事实,及时发出事故速报,同时会同有关部门找出原因,妥善处理现场,避免扩大损失。

②及时正确处理事故查询。对索赔案件,要严格掌握赔偿案件的受理程序,坚持原则,实事清楚,手续齐全,积极慎重,应及时赔偿或上报赔偿,不得推、拖、赖,按章处理。

③货运记录及有关查询文电及时登记立卷保管,按月如实汇报自站责任一般事故及违章情况。对自站责任的千元以上事故及重大、大事故,应及时汇报提供有关情况,以便处理。

④负责无法交付货物的登记、上报并妥善保管。对长期无人认领的货物,积极查找线索,尽力做到物归原主。

⑤发现事故、违章,及时按"三不放过"的原则,召集有关人员开分析会,对规学习,列责处罚,或按章处理。找出事故、违章发生的原因,改进防范措施。

⑥坚持"安全第一、预防为主"的方针,经常深入现场,检查指导安全生产联控作业,并对职工进行安全业务教育。发现违章作业,危及货物安全等情况应立即制止、纠正,并提出具体改进措施。

⑦负责按规定内容填记"事故、违章登记簿",做好统计工作、按时上报。

⑧负责"货物装载加固签认卡"的收集、审查和管理工作,提高"签认卡"填记质量,促进现场作业标准化。

⑨加强保价运输管理,提高保价运输水平,按规定作好统计上报工作。

(7)监装卸货运员岗位责任

①在货运值班员的领导下认真执行装卸车作业标准,努力完成本线装卸车作业计划,以优质服务,树立良好形象。

②认真执行"车站货运服务通用作业标准",对口交接班,及时向货调汇报线路存车、货位、及待卸、待装情况,提出建议作业计划。

③验收发送货物,检查包装、加固材料是否符合货物运输条件或托运人的要求,装载加固

对照"定型方案",按标准作业。

④接到取送车计划后,提前到现场检查线路有无障碍物,对准货位,检查车辆状态,作业过程中做好"三次汇报"和安全防护工作。

⑤作业前向装卸工组传达有关注意事项,提出装载加固和堆码要求,认真监装卸并给予技术指导。

⑥装车后,按规定检查车门窗关闭状态、货物装载加固、篷布苫盖情况,需施封的车辆按规定施封;卸车后,检查车门关闭、空车车内残留物、闸台、车帮上的杂物是否清除、清道、卸货距离及货物堆码等情况,处理好余货,验收后签发"装卸作业单",填记"承运簿"和"卸货簿",按标准填写"货物装载加固签认卡"。

⑦负责军用装卸车的技术指导和装备物品装载、捆绑、加固状态的检查工作。

⑧做好货物的现场交付,填发"货物搬出证"。

⑨按规定编制普通记录,发现有事故迹象,保护现场及时通知安全室处理。

⑩加强线路、货位巡守,做好货场治安保卫和防火工作。交接班清楚。

(8)统计货运员岗位责任

①严格执行《铁路统计规则》及其他有关规章制度,真实反映货运工作质量和效率,为车站运输组织工作提供科学依据。

②根据作业大表、精确填制"货报二",按规定内容于18:00前报局。

③按班组向货运大班提出日、旬、月分析资料。

④根据"货车调送交接单",正确统计各单位使用货车作业时间,及时核算货车使用费,填报"专报一、二"。

⑤负责核查班组有关生产资料,制止弄虚作假、违反统计规定的行为,并及时向领导汇报情况。

⑥负责有关工作资料及台账、报表的收集、整理、上报并妥善保管。

(9)复核货运员岗位责任

①熟悉本职业务,及时修改规章,负责核算员的业务指导,保证运杂费的正确计算,建立核算员制票台账。

②正确办理票据的请领、登记、保管和交接,及时修改有关规章。

③严格执行铁路运价政策,坚持逐票复核,防止重号、跳号;核对运价号、运价里程,发到基价、运行基价及杂费,发生差错及时补退,防止错收、漏收。

④严格检查到达货票的里程,运价号,发到基价、运行基价等是否正确,核对计费重量,检查到达通知,交付日期等事项,复核运杂费是否核收正确。

⑤按五日、旬、月正确填写"票据整理报告"(财收—4),及时上报。对已复核的票据、原始单据、报表,负责顺号装订整齐,按图书式保管妥当。

⑥及时补退误收、漏收的运杂费用,将复核完毕的货票、杂费收据,加盖"复核"戳记,并整理装订成册,归库存查。

⑦统计分析各班标准制票情况,组织开展制票标准化活动。

⑧正确提出旬、月分析资料。

(10)专用线货运员岗位责任

①掌握专用线内待装卸货物、货位和装卸劳动力情况。根据日班计划确定的本线装卸车

任务和取送作业计划,通知企业做好准备工作,严格执行"铁路车站专用线货运作业标准"。

②核对上线货物,按规定对待装货物的包装、加固材料、存放货物的安全距离以及卸后货车清扫、门窗阀盖的关闭、车内残留物、闸台、车帮上的杂物的清理、篷布使用(回送、保管)等情况进行检查。

③宣传铁路规章制度和安全注意事项,根据"货物装载加固定型方案"和有关规定,负责对专用线进行业务技术指导,搞好装载加固安全和货物安全。

④凭"货车调送交接单",按规定同企业运输员进行货车交接。

⑤负责向货调做好作业过程中的"三次汇报"工作。

⑥按规定填写"承运簿"、"卸货簿"、"篷布登记簿",认真审核签认"货物装载加固质量签认卡"。

⑦主动掌握专用线(共用)发到运量,及时向车站反映运输信息。

2.1.6　相关规范、规程与标准

《铁路货物运输规程》、《铁路货物运输管理规则》、《铁路货物装载加固规则》、铁路车站货运作业标准(TB/T 2116.2—2005)。

典型工作任务 2　组织卷钢运输

2.2.1　教学目标

1. 能力目标

能按照规定,正确组织卷钢的运输。

2. 知识目标

通过组织卷钢运输,重点掌握避免货物集重装载的方法。

3. 素质目标

提高基本职业素质,保证"装一辆货车,保一路平安"。

2.2.2　工作任务

请利用本学习单元所学知识,按案例条件与任务要求处理以下案例。

【案例情况说明】　山西太钢不锈钢股份有限公司,9月2日在太原北站托运卷钢6件51 000 kg,(计划号 11v00328096),使用 C62BK 4646835 一辆装运,专用线装车,货票号码:006535,保价金额 220 000 元,到站葫芦岛,收货人葫芦岛锦泰金属工业有限公司。其他未尽事宜自行假设。

【任务要求说明】　请按上述案例情况选择适当的装载加固定型方案,并按步骤简要记录货物各作业环节的工作重点。

【重点注意事项】

在完成这一任务时,应特别注意以下问题:

1. 作业中如何避免集重装载。

2. 卷钢的装载要求。

2.2.3 所需配备

铁路货运规章、车辆模型、卷钢模型、加固材料、货物装载加固定型方案、货物运单等。

2.2.4 相关配套知识

知识点一 避免集重装载

(一)集重装载的认知

货物的重量超过所装车辆负重面长度的最大容许载重量时，属于集重货物。

负重面长度(K)系指承担货物重量的货车地板长度。

支重面长度($l_支$)系指支撑货物重量的货物底面长度。

装车后，货物的重量大于所装车辆负重面长度最大容许载重量时，属于集重装载。

在实际工作中，不容许货物集重装载，对于集重货物，必须采取避免集重的措施。

(二)使用平车、凹底平车、长大平车免于集重装载的条件

1. 直接装载

货物支重面长度大于等于平车地板负重面长度时，货物可直接装在车底板上，容许载重量遵守表2.6、表2.7、表2.8的规定。

2. 加横垫木

货物支重面长度小于平车地板负重面长度，大于规定的两横垫木之间的最小距离时($K>l_支>K_1$)，需要使用横垫木，使横垫木中心线间最小距离符合表2.6、表2.7、表2.8的规定。

【例2.3】 一件货物重45 t，货物支重面长度为3 000 mm，使用N_{17}应如何装载？

【解】 查表2.6，货物重45 t，使用N_{17}装载，车辆负重面长度应为4 000 mm，货物支重面长度为3 000 mm不符合直接装载的条件，若在货物底部加两根横垫木，使两横垫木中心线间最小距离不小于2 000 mm即可。

3. 先加横垫木再加纵垫木

货物支重面长度小于所需两横垫木中心线之间的最小距离时($l_支≤K_1$)，可按需要先铺设两根横垫木，然后在横垫木上加纵垫木，将货物均衡地装在纵垫木上，使横垫木中心线间最小距离符合表2.6～表2.8的规定。

当货物直接装在货车地板上时，支重面长度等于负重面长度；当货物使用横垫木时，负重面长度等于两横垫木中心线距离的2倍；当货物单独使用纵垫木时，负重面长度等于纵垫木长度。

【例2.4】 一件货物重45 t，货物支重面长度为1 800 mm，使用N_{17}应如何装载？

【解】 查表2.6，货物重45 t，使用N_{17}装载，车辆负重面长度应为4 000 mm，两横垫木中心线间最小距离应不小于2 000 mm，货物支重面长度为1 800 mm不符合直接装载和对称集中载荷的条件，可先铺设两根横垫木(两横垫木中心线间最小距离不小于2 000 mm)，然后在横垫木上加纵垫木，将货物均衡地装在纵垫木上即可。

(三)使用敞车免于集重装载的条件

1.60 t敞车装载

C_{62A}、C_{62A*}、C_{62A*K}、C_{62AK}、C_{62A*T}、C_{62AT}、C_{62B}、C_{62BK}、C_{62BT}、C_{64}、C_{64K}、C_{64H}及C_{64T}型敞车局部

地板面承受货物重量时,应遵守下列规定:

(1)仅在车辆两枕梁之间、横中心线两侧等距离范围内承受均布载荷或对称集中载荷时,容许载重量见表2.9、表2.10。

表2.6 平车局部地板面承受均布载荷或对称集中载荷时容许载重量表(摘录)

平车地板负重面长度(mm)	两横垫木中心线间最小距离(mm)	最大容许载重量(t)				
		N_6、N_{17*}、NX_{17*}	N_{60}	N_{16}	NX_{17B*}	NX_{70}、NX_{70H}
1 000	500	25	25	25	25	30
2 000	1 000	30	27.5	27.5	30	35
3 000	1 500	40	30	30	40	45
4 000	2 000	45	33	32	45	50
5 000	2 500	50	35	35	50	55
6 000	3 000	53	40	37	53	57
7 000	3 500	55	45	40	55	60
8 000	4 000	57	50	44	57	63
9 000	4 500	60	55	49	61	65
10 000	5 000		60	55		70
11 000	5 500			60		

表2.7 凹底平车局部地板面承受均布载荷或对称集中载荷时容许载重量表(摘录)

平车地板负重面长度(mm)	两横垫木中心线间最小距离(mm)	最大容许载重量(t)							
		D_2 210 t	D_5 60 t	D_6 110 t	D_7 150 t	D_8 180 t	D_{10} 90 t	D_{15} 150 t	D_{32} 320 t
1 000	500	175.0	33.0	87.0	120.0	150.0	60.0		
1 500	750	176.5	35.0	88.5	121.0	151.5	65.0	129	
2 000	1 000	178.0	37.0	90.0	123.0	153.0	67.0		
3 000	1 500	180.0	40.0	93.0	126.0	156.0	70.0	131	
3 500	1 750	181.5	42.0	95.0	128.0	158.0	72.0		
4 000	2 000	183.0	43.5	97.0	130.0	160.0	73.5		
4 500	2 250	185.0	45.0	99.0	131.5	161.5	75.0	134	
5 000	2 500	187.0	47.0	101.0	133.0	163.0	77.0		
5 500	2 750	188.5	48.5	103.0	135.0	165.0	78.5		
6 000	3 000	190.0	50.0	105.0	137.0	167.0	80.0	137	
7 000	3 500	196.0	55.0	110.0	141.0	171.0	83.5		300
7 500	3 750	198.0	60.0		143.0	173.0	85.0	142	
8 000	4 000	200.0			145.0	176.0	87.0		
9 000	4500	210.0			150.0	180.0	90.0	150	315
10 000	5 000								320

表 2.8　长大平车局部地板面承受均布载荷或对称集中载荷时容许载重量表(摘录)

平车地板负重面长度(mm)	两横垫木中心线间最小距离(mm)	最大容许载重量(t)				
		D22G 120 t	D26A 260 t	D22 120 t	D27 150 t	D70 70 t
2 000	1 000	30		42	42	32
4 000	2 000	48		48	48	36
6 000	3 000	55		55	55	40
8 000	4 000	60	260	60	60	44
10 000	5 000	65		65	65	46
12 000	6 000	70		70	70	48
14 000	7 000	75		75	75	50
15 000	7 500					
16 000	8 000			80	80	70
16 500			260			
18 000	9 000	85		85	85	
20 400	10 200	120				

表 2.9　60 t、61 t敞车两枕梁间承受均布载荷时最大容许载重量表

车辆负重面长度(mm)	车辆负重面宽度(mm)	最大容许载重量(t)	车辆负重面长度(mm)	车辆负重面宽度(mm)	最大容许载重量(t)
2 000	$1\ 300 \leqslant B < 2\ 500$	15	6 000	$1\ 300 \leqslant B < 2\ 500$	20
	$B \geqslant 2\ 500$	20		$B \geqslant 2\ 500$	32
3 000	$1\ 300 \leqslant B < 2\ 500$	16	7 000	$1\ 300 \leqslant B < 2\ 500$	23.5
	$B \geqslant 2\ 500$	23		$B \geqslant 2\ 500$	35.5
4 000	$1\ 300 \leqslant B < 2\ 500$	17	8 000	$1\ 300 \leqslant B < 2\ 500$	27
	$B \geqslant 2\ 500$	26		$B \geqslant 2\ 500$	39
5 000	$1\ 300 B \leqslant B < 2\ 500$	18.5	9 000	$1\ 300 \leqslant B < 2\ 500$	30
	$B \geqslant 2\ 500$	29		$B \geqslant 2\ 500$	43

表 2.10　60 t、61 t敞车两枕梁间承受对称集中载荷时最大容许载重量表

两横垫木中心线间距离(mm)	横垫木长度(mm)	最大容许载重量(t)	两横垫木中心线间距离(mm)	横垫木长度(mm)	最大容许载重量(t)
1 000	$1\ 300 \leqslant B < 2\ 500$	13	5 000	$B \geqslant 2\ 500$	42
	$B \geqslant 2\ 500$	17	6 000	$1\ 300 \leqslant B < 2\ 500$	43
2 000	$1\ 300 \leqslant B < 2\ 500$	14		$B \geqslant 2\ 500$	49
	$B \geqslant 2\ 500$	20	7 000	$1\ 300 \leqslant B < 2\ 500$	46
3 000	$1\ 300 \leqslant B < 2\ 500$	17		$B \geqslant 2\ 500$	55
	$B \geqslant 2\ 500$	21	8 000	$1\ 300 \leqslant B < 2\ 500$	50
4 000	$1\ 300 \leqslant B < 2\ 500$	24		$B \geqslant 2\ 500$	60(61)
	$B \geqslant 2\ 500$	30	8 700		60(61)
5 000	$1\ 300 \leqslant B < 2\ 500$	32			

（2）两枕梁直接承受货物重量且两枕梁承受的货物重量相等时，全车装载重量可以达到车辆容许载重量。

（3）在车辆两枕梁内外等距离（装载长度不超过 3.8 m）、宽度不小于 1.3 m 范围内（小于 1.3 m 时加垫长度不小于 1.3 m 的横垫木）承受均布载荷时，全车装载重量可以达到车辆标记载重量。

如果需要在货物下加垫横垫木或条形草支垫（稻草绳把）时，应分别加垫在枕梁上及其内外各 1 m 处。

（4）靠车辆两端墙向中部连续装载货物，每端装载长度超过 3.8 m 时，应遵守下列规定：

①装载宽度不小于 2.5 m 时，全车装载重量可以达到车辆标记载重量。

②装载宽度不小于 1.3 m、不足 2.5 m 时，全车装载重量不得超过 55 t。

（5）在车辆两枕梁内外等距离、宽度不小于 1.3 m 范围内和车辆中部三处承载时，中部货物重量不得大于 13 t，全车装载重量不得超过 57 t。

（6）靠车辆两端墙向中部连续装载，每端装载长度超过 3.8 m，且在车辆中部装载货物时，应遵守下列规定：

①中部所装货物的重量不得超过 13 t。

②当两端货物的装载宽度不小于 2.5 m 时，全车装载重量不得超过 57 t。

③当两端货物的装载宽度不小于 1.3 m、不足 2.5 m 时，全车装载重量不得超过 55 t。

（7）仅靠防滑衬垫防止货物移动时，全车装载重量不得超过 55 t。

2.70 t 敞车装载

C_{70}、C_{70H} 型敞车局部地板面承受均布载荷或对称集中载荷时，容许载重量见表 2.11、表 2.12。

表 2.11　C_{70}、C_{70H} 敞车两枕梁间承受均布载荷时容许载重量表

两横垫木中心线间距离（mm）	横垫木长度（mm）	最大容许载重量（t）	两横垫木中心线间距离（mm）	横垫木长度（mm）	最大容许载重量（t）
2 000	1 300≤B<2 500	25	5 000	B≥2 500	42
	B≥2 500	30	6 000	1 300≤B<2 500	42
3 000	1 300≤B<2 500	28		B≥2 500	45
	B≥2 500	39	7 000	1 300≤B<2 500	44
4 000	1 300≤B<2 500	34		B≥2 500	48
	B≥2 500	40	8 000	1 300≤B<2 500	48
4 500	1 300≤B<2 500	34		B≥2 500	52
	B≥2 500	40	9 000	1 300≤B<2 500	52
5 000	1 300≤B<2 500	36		B≥2 500	62

3. C_{70}、C_{70H} 敞车全车装载量可以达到标记载重量的情况

（1）当车辆负重面宽度不小于 2 000 mm，在车辆两枕梁处负重面长度各为 3 800 或在车辆两枕梁及中央三处负重面长度不小于 2 000 mm 且均匀对称装载时。

（2）全车均匀装载时。

（3）使用横垫木在两枕梁处对称装载，当横垫木长度不小于 2 000 mm，两横垫木中心间距

为 1 000 mm 时。

表 2.12　C_{70}、C_{70H} 敞车两枕梁间承受对称集中载荷时容许载重量表

两横垫木中心线间距离(mm)	横垫木长度(mm)	最大容许载重量(t)	两横垫木中心线间距离(mm)	横垫木长度(mm)	最大容许载重量(t)
1 000	1 300≤L<2 500	26	5 000	1 300≤L<2 500	48
	L≥2 500	30		L≥2 500	54
2 000	1 300≤L<2 500	32	6 000	1 300≤L<2 500	58
	L≥2 500	36		L≥2 500	64
3 000	1 300≤L<2 500	35	7 000	1 300≤L<2 500	60
	L≥2 500	39		L≥2 500	68
4 000	1 300≤L<2 500	42	8 000	1 300≤L<2 500	64
	L≥2 500	46		L≥2 500	70

知识点二　卷钢装载加固

(一)铁路运输卷钢(板)装载要求

卷钢(板)应使用平车和 C_{62A}、C_{62A*}、C_{62A*K}、C_{62AK}、C_{62A*T}、C_{62AT}、C_{62B}、C_{62BK}、C_{62BT}、C_{64}、C_{64K}、C_{64H}、C_{64T}、C_{70} 及 C_{70H} 等敞车装载。

卷钢(板)可立装、卧装或集束立装。立装时，卷钢(板)的直径须大于本身高度；卧装时，可使用钢座架(座架须与车体加固)，用木地板平车卧装时，可将相邻卷钢(板)用夹具或镀锌铁线(盘条)捆在一起，并用三角挡掩紧钉固。

集束立装时，集束端最短距离应大于集束高度，卷钢(板)中部用镀锌铁线(盘条)捆绑在一起，并采取防止镀锌铁线(盘条)下滑措施。

卷钢(板)无论立装、卧装或集束立装，均应采取有效的防滑措施，卷钢(板)本身应用镀锌铁线、盘条或钢丝绳等与车体捆绑加固(装载在座架上的除外)。

(二)部分卷钢装载加固定型方案

1. 卷钢敞车立装(如图 2.9 所示)

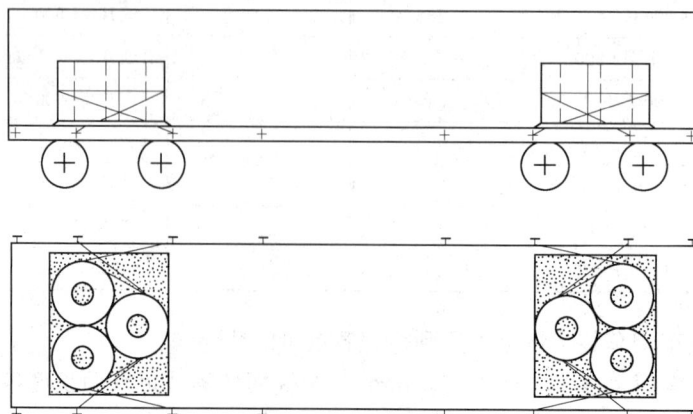

图 2.9　卷钢敞车立装(Ⅳ)(编号:070304)

(1)货物规格:件重 9.1～10 t,卷径<1 300 mm。

（2）准用货车：60 t、61 t 通用敞车（C₆₂、C₆₂M、C₆₅ 除外）。

（3）加固材料：ϕ6.5 mm 盘条，挂钩，稻草垫。

（4）装载方法：每车装载 6 件，分为两组（每组 3 件），每组在车辆两枕梁上方品字形装载。

（5）加固方法：

①卷钢与车地板之间铺垫稻草垫。

②用盘条 8 股对每组卷钢按图示方法拉牵加固，捆绑在车侧丁字铁上，拉牵高度不得小于卷钢板宽的 1/2。

③为防止松脱，每组卷钢上至少在对称的两处用挂钩将盘条吊挂牢固。

2. 卷钢平车立装（如图 2.10 所示）

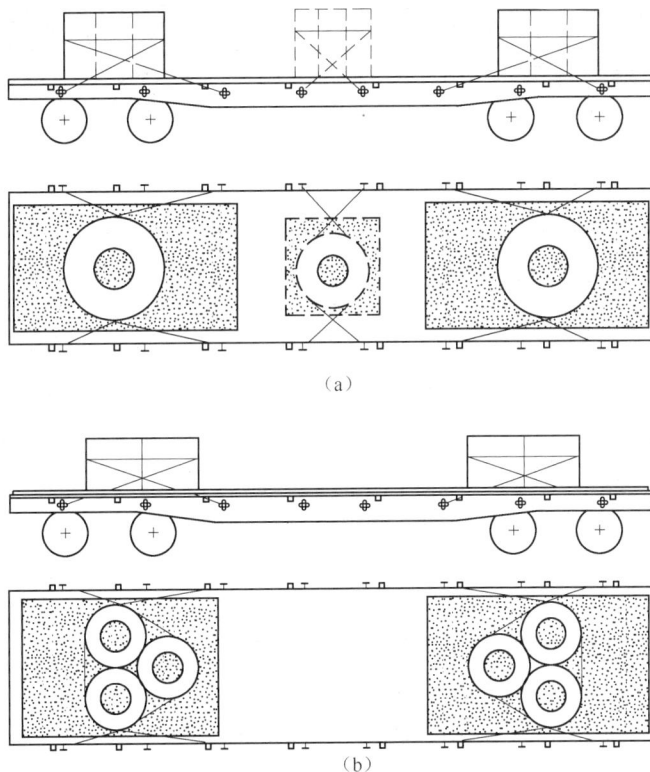

（a）

（b）

图 2.10　卷钢平车立装（编号：070307）

（1）货物规格：卷钢。

（2）准用货车：木地板平车。

（3）加固材料：ϕ6.5 mm 盘条或钢丝绳，稻草垫。

（4）装载方法：

①每车装载 2 或 4、6 件时，分为两组，货组重心分别落在车辆转向架中心销上。

②每车装 3 或 5、7、9 件时，车辆中部装载一件（其重心投影位于货车纵、横中心线的交叉点上），其余分为两组，重心分别落在车辆转向架中心销上。

③全车装载重量不超过货车标记载重量。

（5）加固方法：

①卷钢与车地板之间加稻草垫。

②用钢丝绳或盘条对每组卷钢反又字形拉牵加固,见表2.13。

表2.13 加固要求

每组卷钢重量不大于(t)	单根钢丝绳直径(mm)	ϕ6.5 mm 盘条股数
10	13	6
20	14	6
30	18	8

③每组卷钢至少在相对称的两处用挂钩(或其他方式)将钢丝绳或盘条吊挂牢固。

3. 卷钢平车卧装(如图2.11所示)

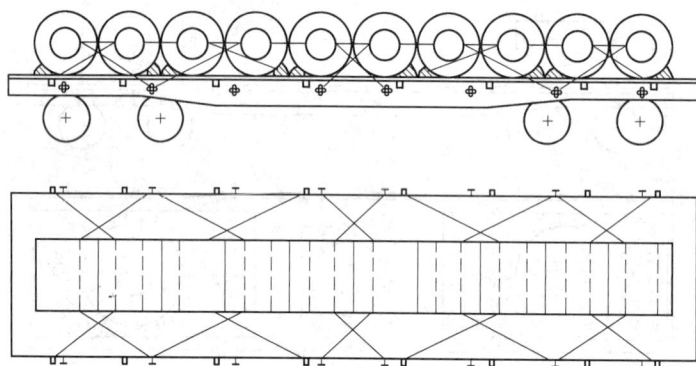

图2.11 卷钢平车卧装(Ⅰ)(编号:070308)

(1)货物规格:件重 4~6 t,ϕ(1 100~1 300) mm,板宽 1 100~1 400 mm。

(2)准用货车:木地板平车。

(3)加固材料:ϕ6.5 mm 盘条,扒锔钉或圆钢钉,三角挡。

(4)装载方法:

①单排横向卧装。

②偶数件时沿车辆横中心线两侧对称装载相同卷数。

③奇数件时,中间1卷的纵中心线应与车辆横中心线重合。

④无论装载奇数或偶数时,两端卷钢距车辆端梁不小于 500 mm。

(5)加固方法:

①用盘条4股通过相邻两卷中心孔,将卷钢两两捆绑牢固,形成一个整体。

②在货物两端外方各用2块三角挡掩紧钉牢,中间货物每隔2或3卷各甩4块三角挡对向掩紧钉牢。

③每2卷用盘条6股穿过卷钢中心孔反又字形拉牵捆绑在车侧丁字铁或支柱槽上。

(6)其他要求:可用铁塑轮挡代替三角挡。

4. 卷钢平车卧装(使用座架)(如图2.12所示)

(1)货物规格:卷钢在平车上使用座架卧装时,座架应足以防止卷钢在座架上滚动、移动和倾覆,或将卷钢与座架加固为一体,并可防止卷钢连同座架一起倾覆。座架可以用钢制或木制,可以是单卷或双卷座架。

(2)准用货车:木地板平车。

(3)加固材料:ϕ11 mm 钢丝绳(破断拉力不小于 62 kN)或 ϕ12.5 mm 钢丝绳,钢丝绳夹,

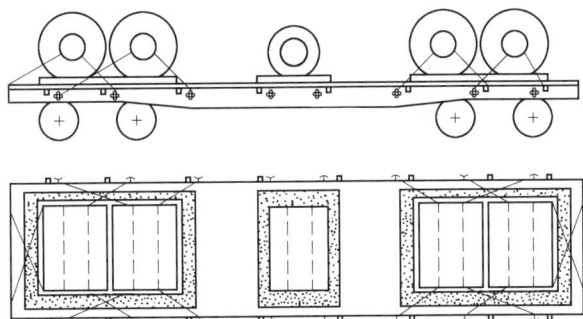

(a)

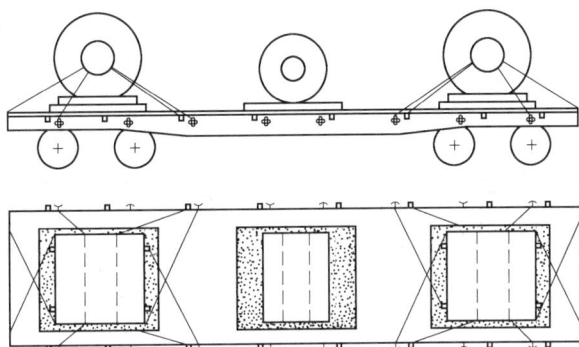

(b)

图 2.12　卷钢平车卧装（使用座架）（编号：070310）

稻草垫。

（4）装载方法：

①带座架的卷钢在平车上的布置，可以分为两组（两组重量力求相等）分别放置在枕梁内外等距离范围内，需要在车辆中部放置一件（一组）时，其重量不得超过避免集重允许装载的重量。

②全车装载重量可以达到货车标记载重量。

（5）加固方法：

①座架下加垫稻草垫。

②每组卷钢重量不大于 20 t 时，用 $\phi11$ mm 钢丝绳拉牵；每组卷钢重量大于 20 t 时，用 $\phi12.5$ mm 钢丝绳拉牵。拉牵方式如图 2.12 所示。

5. 卷钢敞车卧装（使用座架）（如图 2.13 所示）

（1）货物规格：卷钢在敞车上使用座架装载时，座架应足以防止卷钢在座架上滚动和倾覆，并可防止卷钢连同座架一起倾覆。座架可以用钢制或木制，可以是单卷或双卷座架。

（2）准用货车：60 t、61 t 通用敞车（C_{62}、C_{62M}、C_{65} 除外）。

（3）加固材料：稻草垫。

（4）装载方法：

①带座架的卷钢在车内的装载布局参见图示。

②装在车辆中部的 1 组重量不得超过 13 t（含座架重量）。

(a)

(b)

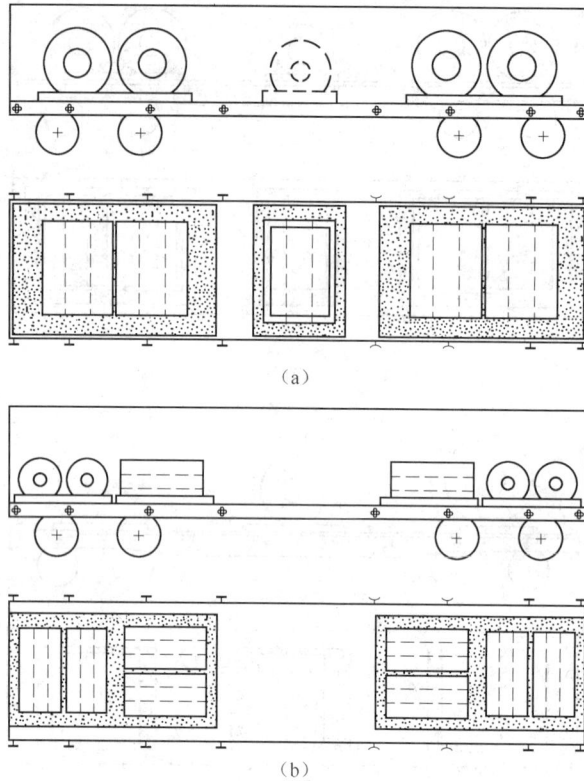

图 2.13　卷钢敞车卧装(使用座架)(编号:070311)

③全车装载量不得超过 55 t(含座架重量)。

(5)加固方法:在座架下铺垫稻草垫。

6. 卷钢敞车卧装(使用座架)(如图 2.14 所示)

(1)货物规格:单件重量不大于 3.5 t,板宽 750~1 300 mm。

(2)准用货车:60 t、61 t 通用敞车(C$_{62}$、C$_{62M}$、C$_{65}$ 除外)。

(3)加固材料:条形草支垫(1 600 mm 或 2 400 mm×160 mm×120 mm),ϕ6.5 mm 盘条。

(4)装载方法:

①卷钢横向卧装,装载件数 16~24 件,在转向架上方为双排装载,装载件数分别为 8、10、12 件。在车辆中部为单排装载,装载件数分别为 1、2、3 件。

②转向架上方卷钢紧靠车辆端墙向中部连续装载。两转向架上方两组卷钢重量差不大于 1 t。

③每车装载重量不得超过 55 t。

(5)加固方法:

①每排卷钢下平行、对称铺放两排条形草支垫,条形草支垫外侧距卷钢边缘不小于 100 mm。

②双排装载的卷钢,用盘条 4 股将相邻两排 4 件卷钢两两捆绑,靠近车辆中部的两行卷钢用盘条 6 股分别向车辆中部和端部方向各拉牵 1 道;车辆每端装载 10 或 12 件时,从车端起第 3 行卷钢用盘条 6 股向车端方向拉牵 1 道。

③车辆中部单排装载的卷钢,装载 1 件时,用盘条 6 股各向车端拉牵 1 道捆绑在车侧丁字铁上;装载 2 件或 3 件时,用盘条 4 股穿过卷心两两捆绑,并用盘条 6 股按图示捆绑在车侧丁字铁上。

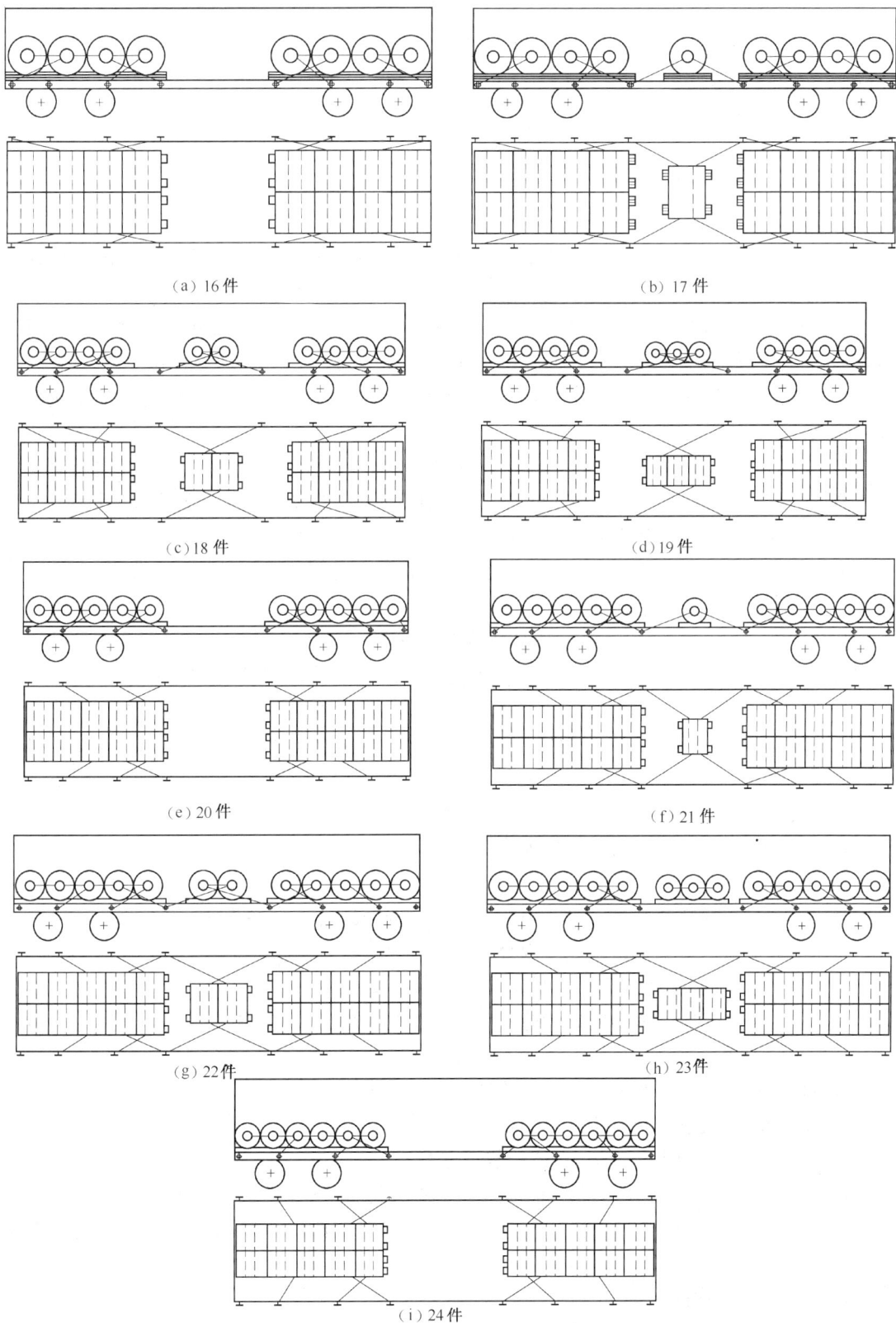

(a) 16 件

(b) 17 件

(c) 18 件

(d) 19 件

(e) 20 件

(f) 21 件

(g) 22 件

(h) 23 件

(i) 24 件

图 2.14　3.5 t 及以下卷钢(编号:070312)

(6)其他要求:

①盘条与卷钢棱角接触部位应加垫防护套圈,并采取防脱落措施;防护套圈厚度不得小于2 mm。

②每件卷钢均不得骑压在草支垫接缝处。

2.2.5 知识拓展——装载加固定型方案

1. 装载加固定型方案的种类和作用

铁路货物装载加固方案分为装载加固定型方案(以下简称定型方案)、装载加固暂行方案(以下简称暂行方案)和装载加固试运方案(以下简称试运方案)。

部定型方案系《加规》附件一,所列方案是铁路总公司明定品名与规格的货物装载加固定型方案,此方案系列化程度较强、覆盖范围也比较广,是一个规范性的文件,与《加规》具有同等效力,是执行"按方案装车"和"装车质量签认"制度的基本依据。托运人和承运人都应该严格遵守和执行。

局定型方案是经铁路总公司审查通过的铁路局明定的货物装载加固定型方案及试运方案,是对部定型方案的有效补充,这些方案很可能在适当时机被纳入部定型方案。同时,局定型方案不应与部定型方案相抵触,也不应重复。

不管部定型方案还是局定型方案,对现场来讲都具有较强的实用性和可操作性。

2. 装载加固定型方案的内容

装载加固定型方案包括11类50项,涉及货物装载品类千余种。具体分为:01类成件包装货物,02类集装箱、集装件及箱装设备,03类水泥制品、料石及箱装玻璃,04类木材、竹子,05类起重机梁及钢结构梁、柱、架,06类轧辊、轮对、电缆、钢丝绳、变压器及卧式锅炉,07类金属材料及制品,08类轮式、履带式货物,09类圆柱形、球形货物,10类大型机电设备,11类口岸站进口设备。

每个货物用一个编号来编码。编号由六位阿拉伯数字组成。从左至右,第1、2位为类别代码,第3、4位为项别代码,第5、6位为顺序码。

如:　　　　07　　　　03　　　　04

第七类　金属材料及制品　第三项　卷钢　第四个品名　卷钢敞车立装(Ⅳ)

每个品名的定型方案都包括以下内容:

(1)货物装载加固定型方案示意图。

(2)货物规格,指明了货物的重量范围、外形尺寸情况及货物性质。在此内容中,还应指明对货物的包装要求。

(3)准用货车,指明了车辆的使用限制情况。

(4)加固材料(装置),指出所用加固材料的种类。

(5)装载方法,确定出了合理、具体的装车方案。

(6)加固方法,确定了装车后,具体的加固措施,按方案加固即是严格按此条规定进行加固。

(7)其他要求。本条规定的是一些有关装载加固的特殊规定或强调装载加固后的附属工作。

3. 装载加固方案的执行

凡使用铁路敞车、平车、长大货物车及敞、平车类专用货车装运的成件货物,有定型方案、暂行方案和试运方案的,一律严格按方案装车。

无方案的,由托运人在托运货物之前向装车站申报计划装载加固方案(以下简称计划方案,含方案比照申请)和相关资料,装车站按规定报批。装车单位按批准的方案组织装车。

4. 装载加固方案的申报和批准

(1)申报计划方案应提供的资料

托运人向装车站申报计划方案时,应详细提供货物的外形尺寸、单件重量、重心位置、支重面长度及宽度、货物运输安全的特殊要求等相关资料。

申报暂行方案时,还应同时提出装载加固计算说明书。

申报试运方案时,还应同时提出由铁路总公司认定的方案论证、技术检测机构出具的方案论证和试验报告。

托运人应在计划方案上盖章或签字,并对内容的真实性负完全责任。对货物的活动部位(部件)、货物的装载加固特殊要求以及涉及货物和运输安全方面的其他重要情况,托运人须提出书面说明。

(2)试运方案的论证和试验程序

论证和试验单位会同托运人、承运人提出试验大纲,并报铁路总公司运输局核准;按核准的试验大纲进行论证、试验;提出方案论证和试验报告。

试验大纲内容应包括:试运事项名称、目的、技术经济可行性研究结论、拟采用的装载加固方法或装载加固材料及装置设计方案,静、动强度试验和运行试验方案,试验方法与手段,评判依据与标准,试运承担单位安全责任划分,安全应急预案等。

重大的试运事项由铁路总公司运输局组织专题研究,充分论证。

(3)受理试运方案

装车站收到托运人提出的计划试运方案、方案论证和试验报告后,逐级审核上报铁路总公司运输局。

(4)组织试运

铁路局按批准的试运方案组织试运。试运工作要精心组织,根据实际情况进行押运或跟踪监测。试运结束后铁路局应按要求及时提出试运总结报告报铁路总公司运输局。

(5)试运方案的管理

装车站要建立试运方案管理台账,对试运方案从严掌握,在货物运单"承运人记载事项"栏和货票"记事"栏内记明方案编号。

到站要对按试运方案装车的货物装载加固状况进行重点检查和确认。

到站、中途站发现问题时,除按规定处理外,同时向铁路总公司运输局及发送铁路局、发站拍发电报,电报中应记明以下事项:发站、到站、装车单位、承运日期、方案编号、存在的问题、处理情况等。

5. 装载加固方案的有效期

定型方案长期有效。

试运方案不跨年度,连续试运期限一般不应超过 3 年。

暂行方案有效期及比照方案有效期由铁路局规定。

凡需继续执行的暂行方案(比照方案)和试运方案,方案执行单位须在有效期结束前一个月将方案执行情况(试运方案为试运总结)和下一步运用请求逐级审核上报方案批准单位,经审查批准后方可继续实施。

逾期未申报者,原暂行方案(比照方案)和试运方案自行废止。

2.2.6 相关规范、规程与标准

《铁路货物装载加固规则》《装载加固定型方案》。

部分敞车的有关技术参数,见表2.14。

表2.14 敞车主要参数表(摘)

顺号	车型	自重(t)	载重(t)	车内 长×宽×高(mm)	钩舌内侧距离(mm)	轴数	车体材质	构造速度(km/h)	转向架中心距(mm)	地板面至轨面高(mm)	空车重心高度(mm)	备注
1	C₁₆A	19.7	64.5	10 990×2 890×1 400	11 938	4	耐候钢	100	7 700	1 093		矿石专用车
2	C₅D	25.6	65	12 500×2 890×2 200	13 438	5	耐候钢	100	8 700	1 083		通用
3	C₆₁	23	61	11 012×2 890×2 200	11 938	4	全钢耐腐	85	7 200	1 083	1 084	煤炭专用车
4	C₆₂	20.6	60	12 488×2 798×2 000	13 438	4	全钢	100	8 700	1 082	970	通用敞车
5	C₆₂A C₆₂B	21.7	60	12 500×2 900×2 000	13 438	4	全钢	85	8 700	1 083	1 000	通用敞车
6	C₆₂A*T,62A*	22	60	12 500×2 890×2 000	13 438	4	普碳钢	100	8 700	1 087	1 000	通用敞车
7	C₆₂M	20.2	60	12 277×2 750×1 900 12 074×2 750×1 900	13 488	4	木墙	90	8 650	1 290	995	通用敞车
8	C₆₃	22.5	61	10 300×2 890×2 375	11 986	4	耐候钢	100	7 670	1 061		煤炭专用车
9	C₆₄	22.5	61	12 490×2 890×2 050	13 438	4	全钢	100	8 700	1 082	1 000	通用敞车
10	C₆₅	19.5	60	12 988×2 796×1 900	13 942	4	全钢	100	9 200	1 073	995	通用敞车
11	C₇₀,₇₀H	23.8	70	13 000×2 892×2 050	13 976	4	高强钢	120	9 210	1 083	1 085	通用敞车
12	C₇₆	24	76	10 520×2 974	12 000	4	高强钢	100	8 200	1 055	984	煤炭专用车
13	C₈₀,₈₀H	20	80	10 728×2 946	12 000	4	铝合金	100	8 200	1 055	880	煤炭专用车
14	CF	20.4	60	12 488×2 618×1 900	13 442	4	普碳钢	100	8 700	1 086	970	煤炭专用车

典型工作任务3 组织原木运输

2.3.1 教学目标

1. 能力目标

掌握木材装载加固的有关规定;通过计算货物运输费用的学习,基本达到货运核算员的技能岗位要求。

2. 知识目标

通过组织原木运输,重点掌握铁路货物运价规则的基本内容,正确计算出各种条件下铁路货物运费。

3. 素质目标

能正确使用《价规》以及微机制票系统办理铁路货物运输过程中的承运作业的环节。

2.3.2　工作任务

为达到教学目标,完成本学习单元的任务,托运人在铁路运送货物时,需要支付所发生的费用,如何正确计算收取运费,即为本项目所要解决的问题。

【案例情况说明】　二连站使用 60 t 敞车一辆装运原木一批至保定站,重 59.5 t,计算其运费。其他未尽事宜自行假设。

【任务要求说明】　二连站在办理承运作业时应如何计算和核收该批货物的运费?本项工作任务即围绕运费计算的相关内容进行学习讨论。

【重点注意事项】　在完成这一任务时,应特别注意以下问题:
(1)货物运价里程的确定。
(2)货物计费重量的确定。
(3)货物运费的计算问题。

2.3.3　所需配备

铁路货运规章、货物运单、货票、计算机等。

2.3.4　相关配套知识

知识点一　木材装载规定

1. 木材使用敞车装载时,应大小头颠倒,紧密排摆,紧靠支柱,压缝挤紧;两端木材应倾向货车中部,不准形成向外溜坡。装车后中心高度不得大于 4 600 mm。支柱底面必须与敞车车地板接触。

腐朽木材应采取防火措施。

2. 装载原木(包括坑木、小径木)时,应对每垛起脊部分做整体捆绑,整体捆绑线使用直径不小于 7 mm 的钢丝绳或破断拉力不小于 21 kN 的专用捆绑加固器材;腰线使用专用捆绑加固器材时,整体捆绑线可使用 $\phi 6.5$ mm 盘条 2 股。每道整体捆绑线的铺设位置距车辆端、侧墙顶面向下不小于 100 mm。材长大于 4 m 的,每垛整体捆绑 5 道,4 m 及以下的每垛整体捆绑 3 道。整体捆绑线的余尾部分折向车内,并用 U 形钉钉固。车辆两端安装挡板时,应使用 8 号镀锌铁线对挡板进行拦护;不使用挡板时,靠车辆两端的起脊部分的顶层,应使用 8 号镀锌铁线 2 股对原木端部向支柱方向兜头拦护,镀锌铁线与每根原木端部接触处用 U 形钉钉固。

敞车装载板、方材时,货物高度超出车辆端侧墙的,应在车辆两端安装挡板(围装除外),并使用 8 号镀锌铁线对挡板进行拦护。

3. 支柱的对数应符合表 2.15 的规定。支柱折断时,必须更换。

表 2.15　支柱对数规定

每垛木材的长度 L(mm)	每垛木材使用支柱对数
2 500≤L<5 000	3
5 000≤L<8 000	4
L≥8 000	5

每对支柱捆绑腰线的道数,视敞车侧板高度而定,高度小于 1 600 mm 的不少于 3 道,

1 600～1 900 mm 的为 2 道,大于 1 900 mm 的为 1 道。腰线间距适当,不得卡侧板,捆绑松紧适度,应使上层木材与下层木材密贴。每对支柱使用封顶线 1 道。

腰线及封顶线的捆绑周数应符合表 2.16 的规定。

表 2.16　腰线及封顶线的捆绑周数

捆绑材料	规　格	腰线周数	封顶线周数
镀锌铁线	$\phi 4.0$ mm	3	2

注:1. 装载杉木时,腰线周数可按封顶线周数办理;

　　2. 每道封顶线与每根(块)木材的接触处使用 U 形钉钉固。

4. 紧靠支柱的木材,两端超出支柱的长度,不得小于 200 mm(由支柱中心线算起)。

紧靠支柱顶部的原木不得超出支柱。

紧靠支柱的原木,其树节、枝丫、弯曲部分或根部,两侧允许超出支柱。

5. 长度不足 2.5 m 的木材不能全部成捆时,需用长材或成捆材压顶。其装载方法可根据木材长度,分别采取:

(1)围装:将木材沿车辆端侧墙内侧竖立一周,超出端、侧墙部分,不得大于端侧墙高度(立装木材长度)的二分之一。围板厚度不得小于 40 mm,围板四周用 8 号镀锌铁线 2 股串连,并用 U 形钉钉固。

(2)顺装:每垛内插两对支柱,垛间距离须小于木材本身长度的五分之一。

知识点二　货物运输费用计算要素

(一)运费计算程序及公式

1. 运费计算程序

(1)根据货物运单上填写的货物名称查找《分类表》、《检查表》,确定适用的运价号。

(2)根据运价号分别在"铁路货物运价率表"中查出适用的运价率(即基价 1 和基价 2,以下同)。

(3)根据发到、站,按《货里表》计算出发站至到站的运价里程。

(4)根据货物种类、重量,确定计费重量。

(5)货物适用的基价 1 加上基价 2 与货物的运价里程相乘之积后,再与计费重量(集装箱为箱数)相乘,计算出运费。计算程序如图 2.15。

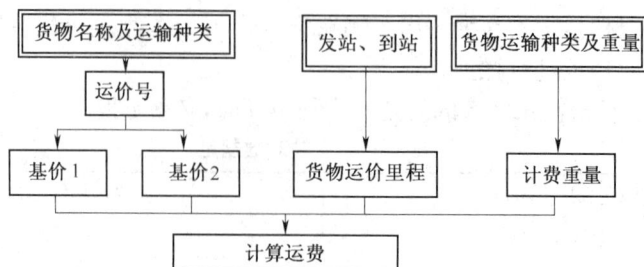

图 2.15　运费计算程序图

2. 运费计算公式

按现行《价规》不同运输种类的货物计费公式如下:

（1）整车货物

按重量计费　　　运费＝（基价 1＋基价 2×运价里程）×计费重量

按轴数计费　　　　运费＝（基价 2×运价里程）×轴数

（2）零担货物

运费＝（基价 1＋基价 2×运价里程）×计费重量/10

（3）集装箱货物

运费＝（基价 1＋基价 2×运价里程）×箱数

(二)运价里程

运价里程根据《货物运价里程表》按照发站至到站间国铁正式营业线最短径路计算,但《货物运价里程表》内或铁路总公司规定有计费经路的,按规定的计费经路计算运价里程。

1. 车站和里程查找方法

按站名首字(汉语拼音或笔画)查出发站和到站在站名索引表中的页数,再根据站名索引表查出发站和到站在里程表中的页数,即可从里程表中找出发站和到站至接算站间的里程,通过计算得出发到站间的里程。

用来计算跨及两条或两条以上线路车站间运价里程的车站,称为接算站。里程表上一般用"★"表示,图上一般用"○"表示接算站在路网上位于两条以上线路的汇集交叉点,如图2.16 所示。

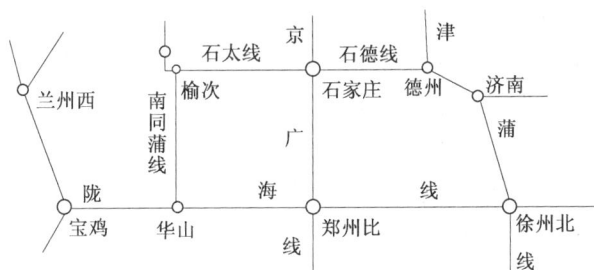

图 2.16　部分接算站在路网上位置示意图

2. 最短径路

(1)最短径路概念及最短径路示意图的使用方法

所谓最短径路,是指发站至到站间运价里程最小的经由路线。在《货里表》中,附有货物运价里程最短径路示意图。货物运价里程最短径路示意图分为货物运价里程最短径路示意图(环状线)和站起点货物运价里程最短径路示意图两种。

货物运价里程最短径路示意图(环状线),表明了当发、到站在同一环状线上时,从发站至到站的最短径路。其使用方法就是根据环状线路上的以各个发站为始点至箭头指示的车站为环状里程的一半,确定发站至到站的最短径路,环状线路上的数字为半环的运价里程。例如丰台、天津、德州、石家庄在同一个环状线路上,图中箭头指示分别是从丰台、天津、德州、石家庄为起点的环状线路里程的一半。如天津起点的里程的一半在土贤庄和良村间,丰台起点的环状里程的一半在清凉店、龙华间,且半环的运价里程是 402.5 km,那么,从丰台至德州的最短径路按图示,应该为经过天津到德州,因为这样货物运价里程不足 402.5 km,否则,经过石家庄到德州的运价里程则大于 402.5 km。同样以天津到石家庄的最短径路应为经过丰台到石家庄,运价里程不足 402.5 km,如图 2.17 所示。

在《货里表》中,还有以哈尔滨、沈阳、山海关、丰台为起点的最短径路意图(在东北地区内),以天津、郑州北、南京东为起点的最短径路示意图(在北南方地区内)。根据这些示意图可以确定以这些车站或这些车站附近的车站为发站,运送到某些到站的货物的最短径路。其使用方法就是根据示意图中的箭头的指向来确定最短径路,当遇到逆向箭头或实心圆点时,表明该径路不是最短径路。在实际工作中,对于货运量较大的车站,各站都自己编制了以本站为起点的最短径路示意图,以加快作业速度,提高作业效率。

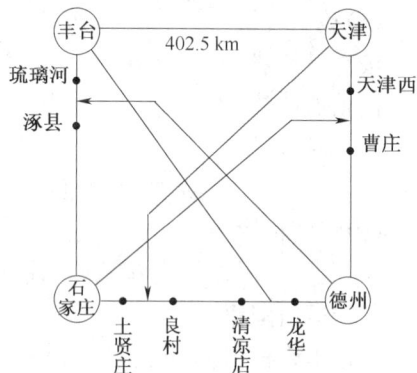

图 2.17　环状线最短径路确定方法

《货里表》下方"注:仅限发到本线各站的货物使用"的线路,不作为确定最短径路的线路,应按原定的计费径路计算运价里程。

(2)最短径路运价里程的计算方法

①发站和到站在同一线上

用两站到本线起点站或终点站的里程相减,即可求得两站间的运价里程。

【例 2.5】　计算徐州北站至洛阳东站的运价里程。

【解】　首先从站名索引表首字汉语拼音或首字笔画索引表中,查出徐州北站和洛阳东站均为同一线——陇海线,查出两站在里程表中的页数。然后分别用两站到本线(陇海线)的起点连云港站的里程相减或终点站兰州西站的里程相减,如图 2.18 所示。

从里程表中查出徐州北站至连云港站为 228 km,洛阳东站至连云港站为 718 km,则徐州北站至洛阳东站的运价里程为 718-228=490(km)。也可以查出徐州北站至兰州西站的里程为 1 566 km,洛阳东站至兰州西站的里程为 1 076 km,计算出徐州北站至洛阳东站的运价里程为 1 566-1 076=490(km)。

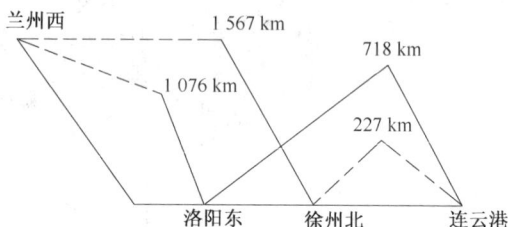

图 2.18　徐州北、洛阳东站间运价里程计算方法

②发站和到站不在同一线上

此时确定货物运价里程时,应首先参照货物运价里程接算站和货物运价里程最短径路示意图,查明发站至到站的最短径路,再按下列方法求得两站间的里程:

a. 东北与北南方相互间:发站至到站经由山海关或丰台时,以发站和到站至山海关或丰台接算站的里程相加。

【例 2.6】　确定徐州北站至四平站的运价里程。

【解】　经由山海关,运价里程为 1 596 km。

b. 北方和南方相互间:发站至到站经由郑州北或南京东时,以发站和到站至郑州北或南京东接算站的里程相加。

【例 2.7】　确定衡阳站至太原北站的运价里程。

【解】　经由新乡,运价里程为 1 674 km。

c. 东北地区内:发站至到站经由沈阳、哈尔滨、郑家屯,或部分发站至到站经由锦州、梅河口、吉林、牡丹江、佳木斯等接算站时,以发站和到站至各该接算站的里程相加。

【例2.8】 确定白城站至牡丹江站的运价里程。

【解】 经由哈尔滨南,运价里程为809 km。

d. 北方地区内:发站至到站经由丰台、大同,或部分发站至到站经由天津、济南、石家庄、太原北、宝鸡等接算站时,以发站和到站至各该接算站的里程相加。

【例2.9】 确定大同站至安阳站的运价里程。

【解】 经由石家庄南,运价里程为809 km。

e. 南方地区内:发站至到站经由株洲、衡阳,或部分发站至到站经由上海、柳州、广州北等接算站时,以发站和到站至各该接算站的里程相加。

【例2.10】 确定汉阳站至贵溪站的运价里程。

【解】 经由九江西,运价里程为581 km。

f. 发站至到站跨及两线以上但不通过前五项中的接算站时,以发站和到站至最近的接算站的里程,与该两接算站的里程相加。

实行统一运价的营业铁路与特价营业铁路直通运输,运价里程分别计算。

3. 需另加入的运价里程

(1)国际联运货物,经由国境线时,应另加算国境站至国境线的里程(按《货里表》中的"国际联运国境线里程表"确定)。因国境站不是设在国境线上,所以运价里程应加算国境站至国境线的里程。如国际联运货物从二连站经蒙古铁路时,则国内区段的运价里程应加算二连站至国境线的里程5 km,如图2.19所示。

图2.19 二连站至国境线的里程示意图

(2)水陆联运货物,经由码头支线时,应另加算换装站至码头线的里程(按《货里表》中的"铁路货物联运换装站到码头线里程表"确定)。

(3)轮渡线里程,根据铁路总公司公布的运价里程计算。

(4)站界内搬运按实际里程计算运价里程。

4. 不计入运价里程内的里程

专用线、货物支线的里程。运价里程是以相邻两站的站中心之间的距离确定的,因而没有包括专用线、货物支线的里程。

5. 实际经由计算方法

在下列情况下,发站在货物运单内注明,运价里程按实际经由计算:

(1)因货物性质(如鲜活货物、超限货物等)必须绕路运输。由于需要途中上水的活动物,在最短径路上没有上水站,则根据托运人的要求,可以绕路经由有上水站的线路绕路运输。超限货物运输由于受最短径路上建筑限界或其他不利因素的影响,铁路可指定经由适合其运输的线路绕路运输。

(2)因自然灾害铁路中断或其他不属于铁路的原因,托运人可要求绕路运输。遇此种情况,需由有关部门做出具体指示后,方可办理。

(3)属于"五定"班列运输的货物,按班列经路运输时。

承运后的货物发生绕路运输时,仍按货物运单内记载的经路计算运费。为保护托运人的利益,由于铁路内部车流调整发生的绕路运输,未经铁路总公司明定按绕路计费的都不应按绕路计算运费。

(三)运 价 号

我国现行铁路货物运价实行分号运价制。整车(含冷藏车)货物运价号分为 8 个(1～7、机械冷藏车);零担货物运价号分为 2 个(21,22);集装箱货物运价号分为 2 个(20 ft、40 ft)。

按照货物运单上填写的货物品名,查找《分类表》和《检查表》,确定出该批货物适用的运价号。

1. 列名内的货物

列表内的货物即在货物"分类表"和"检查表"中列载了货物具体名称或概括名称的货物。

(1)先查《检查表》。从品名首字汉语拼音索引表或品名首字笔画索引表中,查出该品名在货物运输品名检查表中的页数,再根据《检查表》查出该品名的拼音码、代码和运价号。

(2)《分类表》和《检查表》中有具体名称时,按具体名称判定类别和运价号,不属该具体名称的不能比照。但由于货物的别名、俗名、地方名称等不同,而实际属于该具体名称的,仍应按该具体名称适用的类别和运价号。

(3)《分类表》和《检查表》中无该具体名称时,则按概括名称判定类别和运价号,并须遵守以下规定:

①适用制材或加工工艺概括名称的,除明定者外,均不分用途。当货物具有两种以上制材时,则按其主要制材判定类别和运价号。

②适用用途概括名称时,除明定者外,均不分制材。并在用途概括名称后加括弧注明该货物具体名称。如药用的桑皮在检查表中无此名称,则在运单上写成中药材(桑皮)。

③适用自然属性概括名称的,除明定者外,均不分用途、制材、形态、品种。

2. 未列名的货物

在《分类表》和《检查表》中既无该货物的具体名称,又无概括名称或难以判定概括名称时,按小类→中类→大类的顺序逐层次判定其归属的收容类目。各类均不能归属的货物,则列入总收容类目→9990 未列名的其他货物。

(四)运 价 率

铁路货物运价率是根据运价号相应制定出对应于每一运价号的基价 1 和基价 2。基价 1 是货物在发站及到站进行发到作业时单位重量(箱数)的运价。它只与计费重量(箱数)有关,与运价里程无关。基价 2 是指货物在途运输期间单位重量(箱数)每一运价公里的运价,它既与计费重量(箱数)有关又与运价里程有关。铁路货物运价率表见表 2.17(铁运电〔2011〕53号)。

(1)普通整车货物的运价号为 1～6 号、机械冷藏车,基价 1 的单位为元/ t,基价 2 的单位为元/(t·km);整车货物运价号中的 7 号为按轴计费的运价号,无基价 1,基价 2 的单位为元/(轴·km)。

(2)零担货物的运价号 21、22 号。基价 1 的单位为元/10 kg,基价 2 的单位为元/(10 kg·km)。

(3)集装箱货物,分别按 20 ft 箱、40 ft 箱制定基价 1 和基价 2。基价 1 的单位为元/箱,基价 2 的单位为元/(箱·km)。

表 2.17　铁路货物运价率表

办理类别	运价号	基价 1		基价 2	
		单位	标准	单位	标准
整车	1	元/t	8.50	元/(t·km)	0.071
	2	元/t	9.10	元/(t·km)	0.080
	3	元/t	11.80	元/(t·km)	0.084
	4	元/t	15.50	元/(t·km)	0.089
	5	元/t	17.30	元/(t·km)	0.096
	6	元/t	24.20	元/(t·km)	0.129
	7			元/轴公里	0.483
	机械冷藏车	元/t	18.70	元/(t·km)	0.131
零担	21	元/10 kg	0.188	元/(10 kg·km)	0.001 0
	22	元/10 kg	0.263	元/(10 kg·km)	0.001 4
集装箱	20 ft箱	元/箱	449.00	元/(箱·km))	1.98
	40 ft箱	元/箱	610.00	元/(箱·km))	2.70

(五)计费重量

用来计算运输费用的货物重量称为计费重量。货物运费与计费重量有关,因此,计算运费时,首先应根据所运送的货物确定计费重量。整车货物运费计费重量单位为 t(t 以下四舍五入)、轴;零担货物计费重量单位为 10 kg(不足 10 kg 进整为 10 kg);集装箱计费以箱为单位。

计费重量是根据货物实际重量、轴数、箱数按有关规定确定的,以下各节结合不同情况分别介绍。

(六)尾数处理

计算出的每项运费、杂费均以元为单位,尾数不足 1 角时,按四舍五入处理。

知识点三　货物运费计算方法

(一)一般整车货物运费

1. 计费重量

(1)一般情况下,整车货物均按货车标记载重量(简称标重)计算运费,货物重量超过标重时按货物重量计费。计费重量以吨为单位,吨以下四舍五入。

(2)特殊情况下,使用规定车种车型装运特定货物,计费重量按表 2.18 所列规定计费重量计算,货物重量超过规定计费重量的按货物重量计费。

表 2.18　整车货物规定计费重量表

顺号	项　目	计费重量(t)
1	标重不足 30 t 的家畜车	30
2	矿石车、平车、砂石车经铁路局批准装运"品名分类与代码表"01(煤)、0310(焦炭)、04(金属矿石)、06(非金属矿石)、081(土、砂、石、石灰)、14(盐)类货物	40

续上表

顺号	项　　目	计费重量(t)
3	标重低于 50 t，车辆换长小于 1.5 的自备罐车	50
4	SQ$_1$(小汽车专用平车)	80
5	QD$_3$(凹底平车)	70
6	GY$_{95S}$、GY$_{95}$、GH$_{40}$、GY$_{40}$、GH$_{95/22}$、GY$_{95/22}$(石油液化气罐车)	65
7	GY$_{100S}$、GY$_{100}$、GY$_{100-I}$、GY$_{100-II}$(石油液化气罐车)	70

(3)车辆换长超过 1.5 的货车(D 型长大货物车除外)，未明定计费重量的，按其超过部分以每米(不足 1 m 的部分不计)折合 5 t 与 60 t 相加之和计费。

(4)米、准轨间换装运输的货物，均按发站的原计费重量计费。

(5)承运人提供的 D 型长大货物车的车辆标重大于托运人要求的货车吨位时，经中铁特货公司批准可根据实际使用车辆的标重减少计费重量，但减吨量最多不得超过 60 t。

2. 运价率

根据托运人在货物运单上所填写的货物名称，按照铁路货物运输《品名分类与代码表》查出该批(项)货物所适用的运价号，按承运当日实行的运价率，查出该批货物适用的运价率。

(1)按一批办理的整车货物，运价率不同时，按其中高的运价率计费。

【例 2.11】 托运人在某站托运一批货物，其中空调 50 台，运动器材 100 套。试确定运价率。

【解】 查出空调为 6 号运价，运动器材为 5 号运价，因其按一批托运，故按 6 号运价率计费。

(2)运价率加(减)成的确定

《铁路货物运输品名分类与代码表》中规定的加(减)成应先计算出其适用的运价率后，再按下述规定进行加(减)成计算：

①一批或一项货物，运价率适用两种以上减成率计算运费时，只适用其中较大的一种减成率。

②一批或一项货物，运价率适用两种以上加成率时，应将不同的运价率相加之和作为适用的加成率。

③一批或一项货物，运价率同时适用加成率和减成率时，应以加成率和减成率相抵后的差额作为适用的加(减)成率。

如某站发送一件超级超限货物，用自备车装运。其运价率既适用于加成率又适用于减成率，超级超限货物加成率 150%，用自备车装运减成率 20%。因此该批货物适用的运价率为加成 150%−20%＝130%。

【例 2.12】 托运人从二连站托运原木一批，重 58 t，使用 60 t 敞车一辆装运至保定站，计算其运费。

【解】 查里程表二连站至保定的运价里程为 824 km，查品名分类与代码表，原木运价号为 5 号运价，查运价率表，5 号运价的基价 1 为 17.30 元/t，基价 2 为 0.096 元/(t·km)，计费重量 60 t。

$$运费=(17.30+0.096\times824)\times60=5784.24\approx5784.20(元)$$

(二)冷藏车货物运费

1. 计费重量

冷藏车运送易腐货物按规定计费重量计费见表 2.19,超过时按货物重量以吨为单位四舍五入计费。

表 2.19　冷藏车规定计费重量表

车种、车型		计费重量(t)	附　　注
机械冷藏车	B₁₈	32	8 辆装货
	B₁₉	38	4 辆装货
	B₂₀	42	8 辆装货
	B₂₁	42	4 辆装货
	B₁₀	44	单节
	B₂₂、B₂₃	48	4 辆装货
冷板冷藏车	BSY	40	
冷藏车改造车	B₁₅E	56	
自备机械冷藏车		60	
自备冷板冷藏车		50	
代替其他货车装运非易腐货物铁路冷藏车		冷藏车标重	

2. 运价率的确定

以冷藏车运送货物,按货物运价率表中不同车型的冷藏车的运价率计算运费,特殊情况按下述方法办理:

(1)途中不需要加温(或托运人自行加温)或制冷的机械冷藏车按机械冷藏车的运价率减 20%计费。

(2)使用铁路机械冷藏车运输,要求途中保持温度-12 ℃(不含)以下的货物,按机械冷藏车运价率加 20%计费。

(3)自备冷藏车、隔热车(即无冷源车)和代替其他货车装运非易腐货物的铁路冷藏车,均按所装货物适用的运价率计费。

(三)快运货物的运费

按快运办理的货物的运费计算同不按快运办理的货物,但需加收快运费。快运费的费率为该批货物运价率的 30%。

【例 2.13】 如上例中货物要求快运时,除核收运费外,试计算该批货物快运费。

【解】 快运费=(17.30×30%+0.096×30%×824)×60=1 735.272≈1 735.30(元)

(四)超长、超限货物的运费

1. 超限、限速货物运费计算

超限货物和需限速运行的货物运输条件特殊,办理手续复杂,影响铁路运输效率,增加运输成本,运送这类货物时,发站应将超限货物的超限等级在货物运单货物名称栏内注明。承运人记载调度命令号,其运费计算按下列规定进行:

(1)一级超限:按运价率加 50%计费。

(2)二级超限:按运价率加 100%计费。

(3)超级超限:按运价率加 150%计费。

(4)限速运行(不包括仅通过桥梁、隧道、出入站线限速运行)的货物,按运价率加 150%计费。需限速运行的超限货物,只核收 150%的加成运费,不另核收超限货物加成运费。

需限速运行的货物主要是指货物装车后,重车重心高超过 2 000 mm 及与限界距离或邻线列车距离较小的超级超限货物。由于限制其运行速度,因而影响铁路运输效率,增加铁路运输成本,运价率需进行加成。

2. 使用游车时货物运费计算

超长、超限货物运送时,在一些情况下,除使用负重的主车负担货物重量外,还需使用游车满足货物对长度的需要,因而需要多使用车辆,所以要核收多使用的游车运费,游车运费按下列规定计算:

(1)游车不装货物时,游车运费按主车货物运价率和游车标重计费。

(2)利用游车装运货物,按所装货物运价率与主车货物运价率高的核收游车运费。

(3)两批货物共同使用游车时,游车运费各按主车货物的运价率及游车标重的 1/2 计费。

(4)运输超限货物或需要限速运行的货物使用游车时,游车运费不加成。

(5)自轮运转的轨道机械,以企业自备货车或租用铁路货车作游车时,按整车 7 号运价率核收游车运费;自轮运转的轨道机械,以铁路货车作游车时,按整车 6 号运价率和游车标重核收游车运费。

(6)D 型长大货物车运输货物需用隔离车时,隔离车不另核收运费。隔离车加装货物时,按所加装货物适用的运价率核收运费。

(五)自备、租用车的运费

(1)托运人自备货车或租用铁路货车(不论空重)用自备机车或租用铁路机车牵引时,按照全部列车(包括机车、守车)的轴数与整车 7 号运价率计费。

(2)托运人自备货车或租用铁路货车装运货物用铁路机车牵引,或铁路货车装运货物用该托运人机车牵引运输时,按所装货物运价率减 20%计费。

(3)托运人的自备货车或租用的铁路货车空车挂运时,按 7 号运价率计费。

(4)自备或租用铁路的客、餐车、行李车、邮政车、专用工作车挂运于货物列车时,空车按 7 号运价率加 100%和标重计费,装运货物时按其适用的运价率加 100%和标重计费。但换长 1.5 以下的专用工作车不装货物时不加成。

(5)随车人员按押运人乘车费收费。

【例 2.14】 某托运人从南京东站装运一批石灰石到古雄站,重 1 200 t,以自备机车一台(6 轴),自备货车 20 辆(均为 4 轴 60 t 敞车)装载及自备守车一辆(4 轴)组成列车运输。试计算其运费。

【解】 因该批货物用自备货车装运、自备机车牵引,所以按轴计费,即运价号按 7 号,总轴数为 90,其运价里程为 39 km。

$$运费 = 0.483 \times 39 \times 90 = 1\ 695.33 \approx 1\ 695.30(元)$$

【例 2.15】 吉林北站发哈尔滨一批化工原料,重 50 t,以一辆 60t 企业自备棚车装运。计算运费。

【解】 该批货物属自备货车装运用铁路机车牵引,所以运价率为该批货物适用的运价率减成20%,即化工原料5号运价的运价率减成20%,该批货物运价里程为267 km。

运费＝〔17.30(1－20%)＋0.096(1－20%)×267〕×60＝2 060.736≈2 060.70(元)

【例2.16】 沈阳站卸后回送辽阳石油化学纤维厂自备空罐车3辆(均为4轴)。试计算其运费。

【解】 因是自备货车空车挂运,所以应按运价号7号计费,运价里程为64 km。

运费＝0.483×3×4×64＝370.944≈370.90(元)

(六)自备货车装备物品及集装箱用具的回送费

(1)托运人自备的货车装备物品(禽畜架、篷布支架、饲养用具、防寒棉被、粮谷挡板)、支柱等加固材料和运输长大货物用的货物转向架、活动式滑枕或滑台、货物支架、座架及车钩缓冲停止器,凭收货人提出的特价运输证明书回送时,不核收运费。

(2)托运人自备的可折叠(拆解)的专用集装箱、集装笼、托盘、网络、货车篷布、装运卷钢、带钢、钢丝绳的座架、玻璃集装架和爆炸品保险箱及货车围挡用具,凭收货人提出的特价运输证明书回送时,整车按2号运价率计费。

(七)站界内搬运、途中装卸、整车分卸货物的运费

该三种形式为整车运输特殊形式,其运费计算如下:

(1)站界内搬运的货物,按实际运输里程(不足1 km的尾数进整为1 km)和该批货物适用的运价率计算运费,不另收取送车费。

(2)途中装卸货物,不论托运人、收货人要求在途中装卸地点的前方或后方货运站办理托运或领取手续,途中装车按后方货运站计算运价里程;途中卸车按前方货运站计算运价里程,不另收取送车费。

(3)整车分卸的货物,按照发站至最终到站的运价里程计算全车运费和押运人乘车费;途中每分卸一次,另行核收分卸作业费80元(不包括卸车费)。

(八)按整车办理的危险货物的运费

由于危险货物具有爆炸、易燃、毒害、腐蚀、放射性等特性,在运输过程中需进行特殊防护,因而车站在办理危险货物运输时,按下述规定进行运费核算:

(1)一级毒害品(剧毒品)按运价率加100%。

(2)爆炸品、气体、一级易燃液体(代码表02石油类除外)、一级易燃固体、一级易于自然的物质、一级遇水发出易燃气体的物质、一级氧化性物质和有机过氧化物、二级毒性物质、感染性物质、放射性物质按运价率加50%。

(九)零担货物运费

1. 计费重量

零担货物的计费重量以10 kg为单位,不足10 kg进为10 kg。具体确定时分为以下三种情况:

(1)按规定计费重量计费

有规定计费重量的货物见表2.20。

(2)按货物重量计费

《铁路货物品名分类与代码表》列"童车"、"室内健身车"、"209其他鲜活货物"、"9914搬家货物、行李"、"9960特定集袋化运输用具"等裸装运输时按货物重量计费。

表 2.20 零担货物规定计费重量表

顺号	货物名称		计费单位	规定计费重量(kg)
1	组成的摩托车:			
		双轮;	辆	750
		三轮(包括正、侧带斗的,不包括三轮汽车)	辆	1 500
2	组成的机动车辆、拖斗车(单轴的拖斗车除外):			
		车身长度不满 3 m;	辆	4 500
		车身长度 3 m 以上,不满 5 m;	辆	15 000
		车身长度 5 m 以上,不满 7 m;	辆	20 000
		车身长度 7 m 以上	辆	25 000
3	组成的自行车		辆	100
4	轮椅、折叠式疗养车		辆(件)	60
5	牛、马、骡、驴、骆驼		头	500
6	未装容器的猪、羊、狗		头	100
7	灵柩、尸体		具(个)	1 000

(3)按货物重量或货物体积折合重量择大计费

除上述两种特殊情况外,零担货物的计费重量均为按货物重量或货物体积折合重量择大计费,即每立方米重量不足 500 kg 的轻浮货物,按每 1 m³ 体积折合重量 500 kg 计算。其目的是为保持零担货物运价与整车货物运价之间合理的比价关系,避免货物运输中发生运费倒挂、化整为零的现象,折合重量根据托运人在货物运单"托运人记载事项"栏内填记的货物长×宽×高的尺寸按下式计算:

$$折合重量(kg)=500(kg/m^3)×体积(m^3)$$

托运人托运零担货物时,除在货物运单上正确填记货物重量外,并应在货物运单"托运人记载事项"栏内填记货物的长×宽×高的体积,托运人托运一批同一规格的货物时,应记明单件货物的规格与体积。

外形不规则的货物的体积,应按紧密堆码状态的外廓尺寸组成的立方体确定。

货物长、宽、高的计算单位为 m,保留两位小数,第三位小数四舍五入。体积的计算单位为 m³,保留两位小数,第三位小数四舍五入。

按折合重量计费的零担货物,应在计费重量数前记明"尺"及折合重量。

【例 2.17】 某站发送一批零担货物,重 225 kg,体积为 0.82 m³。试确定计费重量。

【解】 ①实际重量 225 kg。

②体积折合重量为 0.028 m³×500=410(kg)。

③因为体积折合重量>实际重量,所以计费重量应为折合重量 410 kg,记为"尺 410 kg"。

发站对托运人填记的货物规格、体积等事项可进行抽查,必要时会同托运人复测更正,车站对经常运输的轻浮零担货物,可在调查研究的基础上,制定出轻浮零担货物按体积的折合重量表或采用其他简便速算办法,经铁路局核准后实行。

2. 运费计算

零担货物起码运费为每批 2.00 元。即当计算出的一批零担货物的运费不足 2.00 元时,按 2.00 元收取。

零担货物运价率按承运当日的"零担货物运价率"确定。

(1)运价率不同的零担货物在一个包装内或按总重量托运时,按该批或该项货物中运价率高的计费。

【例 2.18】　某托运人从西安西站发往锦州站货物一批,其中课本 4 件,挂图 2 件,总重 358 kg,总体积 0.94 m³,按总重量托运。试计算其运费。

【解】　查里程表,最短径路运输里程为 1 725 km。因该批货物按总重量托运,确定运价率时应选较高的运价率计费。课本运价号为 21 号,挂图运价号为 22 号,所以运价率应选 22 号运价率。该批货物按体积折合重量为 500×0.94=470(kg),大于实际重量 358(kg),因此计费重量记为"尺 470(kg)"。

$$运费=(0.263+0.001\ 4×1\ 725)×470/10=125.866≈125.90(元)$$

(2)在货物运单内分项填记重量的零担货物,应分项计费,但运价率相同时,重量应合并计算。

【例 2.19】　李某从包头东站发石家庄南站毛线 100 kg,体积 1 m³;运动鞋 700 kg,体积 1.2 m³;运动帽 191 kg,体积 1.35 m³;分栏填记。试计算运费。

【解】　查运价里程 951 km。因为毛线的运价号为 21 号,而鞋、帽运价号均为 22 号,所以毛线单独确定计费重量,而鞋帽重量合并为计费重量。

毛线 100 kg,体积 1 m³,实际重量=100 kg,折合重量=1 m³×500 kg/m³=500 kg,计费重量为尺 500 kg;运动鞋 700 kg,体积 1.2 m³;运动帽 191 kg,体积 1.35 m³。

实际重量=700+191=891 (kg),体积折合重量 2.55 m³×500 kg/m³=1 275 kg,计费重量为尺 1 280 kg。

$$运费=(0.188+0.001\ 0×951)×500/10+(0.263+0.001\ 4×951)×1\ 280/10$$
$$=261.033\ 2≈261.00(元)$$

(3)托运人自备的可折叠(拆解)的专用集装箱、集装笼、托盘、网络、货车篷布,装运卷钢、带钢、钢丝绳的座架、玻璃集装架和爆炸品保险箱及货车围挡用具,凭收货人提出的特价运输证明书回送时,零担按 22 号运价率计费。

(十)集装箱货物运费

集装箱运费按箱计费,不再考虑箱内所装货物重量,但所装货物重量与自重之和不得超过集装箱总重。集装箱内单件货物重量超过 100 kg 时,必须在货物运单托运人记载事项栏内注明。

集装箱货物的运费按照使用的箱数和"铁路货物运价率表"中规定的不同箱型的运价率计费。但下述情况除外:

(1)罐式集装箱按"铁路货物运价率表"中规定的运价率加 30% 计算。

(2)其他铁路专用集装箱按"铁路货物运价率表"中规定的运价率加 20% 计算。

(3)标记总重量为 30.480 t 的通用 20 ft 集装箱按"铁路货物运价率表"中规定的运价率加 20% 计算,按规定对集装箱总重限制在 24 t 以下的除外。

(4)装运一级毒害品(剧毒品)的集装箱按"铁路货物运价率表"中规定的运价率加 100% 计算;装运爆炸品、气体、一级易燃液体(代码表 02 石油类除外)、一级易燃固体、一级易于自然的物质、一级遇水发出易燃气体的物质、一级氧化性物质和有机过氧化物、二级毒性物质、感染性物质、放射性物质的集装箱按"铁路货物运价率表"中规定的运价率加50%计算。

（5）装运危险货物的集装箱按上述规定适用两种加成率时，只适用其中较大的一种加成率。

（6）自备集装箱空箱运价率按其适用重箱运价率的40%计算。

（7）承运人利用自备集装箱回空捎运货物，在货物运单承运人记载事项栏内注明，免收自备集装箱箱主的回空运费。

【例2.20】 长沙北站发集宁南站一批教学仪器，使用2个20 ft集装箱装运。试计算其运费。

【解】 查货物运价里程表，最短径路为1 943 km，运价率按20 ft箱运价率。

运费＝（449.00＋1.98×1943）×2＝8 556.64≈8 556.60（元）

【例2.21】 南京西站发保定站2个自备20 ft集装箱，到站后保定站回送南京西。计算回空运费。

【解】 运价里程：1 154 km。运价号按20 ft重箱40%计费。计费重量2箱。

运费＝（449.00＋1.98×1 154）×40%×2＝2 187.136≈2 187.10（元）

知识点四　杂费计算方法

(一)杂　费

运输费用除运费外，还包括货物运送过程中实际发生的各种杂费。

铁路货运杂费是以铁路运输的货物自承运至交付时的全过程中，铁路运输企业向托运人、收货人提供的辅助作业和劳务以及托运人或收货人额外占用铁路设备、使用用具和备品所发生的费用，均属于货物运输杂费，简称为货运杂费。

1. 核收依据

铁路货运杂费的收费项目及收费标准均按《价规》规定。

（1）铁路货运营运杂费铁路货物运输营运中的杂费按实际发生的项目和《价规》中"铁路货运营业杂费费率表"的规定核收。其中包括：冷却费、D型长大货物车使用费、D型长大货物车空车回送费、取送车费、机车作业费、押运人乘车费、货车篷布使用费、集装箱使用费、货物装卸作业费、货物保价费等10项杂费。

在温季和热季（按装车时外温确定）使用机械冷藏车装运需要途中制冷运输的未冷却的瓜果、蔬菜，按货物重量，核收冷却费。

使用铁路D型长大货物车装运货物时，除核收运费外，并核收下列费用：

1）按确定的计费重量、运价里程，核收D型长大货物车使用费。

2）按货车轴数，核收D型长大货物车回送费，托运人取消托运时，仍核收此项费用。

用铁路机车往专用线、货物支线（包括站外出岔）或专用铁路的站外交接地点调送车辆时，核收取送车费。计算取送车费的里程应自车站中心线起算，到交接地点或专用线最长线路终端止，里程往返合计（不足1公里的尾数进整为1公里），取车不另收费。

向专用线取送车，由于货物性质特殊或设备条件等原因，托运人、收货人要求加挂隔离车时，隔离车按需要使用的车数核收取送车费。

托运人或收货人使用铁路机车进行取送车辆以外的其他作业时，另核收机车作业费。

派有押运人押运的货物，核收押运人乘车费。

使用铁路货车篷布苫盖货车时,向托运人核收货车篷布使用费。

使用铁路集装箱装运货物,向托运人核收集装箱使用费。使用铁路集装箱装运危险货物时,集装箱使用费加 20% 核收。

整车、零担、集装箱货物装卸费以及准、米轨间整车货物直通运输换装费,按《铁路货物装卸作业计费办法》的规定计费。

门到门运输中发、到站上门装、卸货物时,装卸费按《铁路货物装卸作业计费办法》的规定计费。

货物保价费,按货物保价金额和规定的费率计算。

(2)延期使用运输设备、违约及委托服务杂费

延期使用运输设备、违约及委托服务费用,按实际发生的项目和"延期使用运输设备、违约及委托服务杂费费率表"的规定核收。其中包括:过秤费、货物暂存费、专用线、专用铁路货车使用费、D型长大货物车延期使用费、货车篷布延期使用费、集装箱延期使用费、冷藏车(取消托运时)空车回送、机械冷藏车制冷费、货物运输变更手续费、清扫除污费等 10 项杂费。

延期使用运输设备、违约及委托服务费用,按实际发生的项目和"延期使用运输设备、违约及委托服务杂费费率表"的规定核收。其中包括:仓储费、铁路货车延期占用费、D型长大货物车延期使用费、货车篷布延期使用费、冷藏车(取消托运时)空车回送费、机械冷藏车制冷费、货物运输变更手续费、清扫除污费等 8 项杂费。

门到门运输时,货物仓储费在应收该费时间段的前三日,按表 4 规定费率的 50% 计费,自第四日起,允许铁路局根据各地的不同情况适当浮动,上浮幅度最大不得超过规定费率的 100%,下浮不限,并报总公司备案。

货物承运前和交付后仍在车站仓储,或货物仅在车站仓储时,按实际仓储期间核收仓储费,货物仓储费在应收该费时间段,按表 4 规定的费率计算,允许铁路局根据各地的不同情况适当浮动,上浮幅度最大不得超过规定费率的 100%,下浮不限,并报铁路总公司备案。

零担货物暂存费按计费重量计算。

危险货物和易燃货物的仓储费率按普通货物费率加 100% 计算。

在专用线(含铁路的段管线、厂管线)、专用铁路内装卸及其他按规定由托运人、收货人自行装卸的铁路货车(D型长大货物车除外),按《货车使用费核收暂行办法》的规定核收货车使用费。

由托运人、收货人自行装卸的 D 型长大货物车,自调到装卸地点(或交接地点)之日起的第四日起,到装卸完了(或交接地点交接完毕)之日止,按日(不足一日按一日)核收 D 型长大货物车延期使用费。

使用铁路货车篷布超过规定使用期限的,核收货车篷布延期使用费。

冷藏车送到装车站后,托运人取消托运,应核收空车回送费。已经预冷的机械冷藏车,还应核收一日的制冷费。

由于托运人(收货人)的责任,机械冷藏车超过规定的装(卸)车时间,在此期间需要制冷时,除核收货车使用费外,还应按日(不足 12 小时按半日)核收制冷费。

承运后发现托运人匿报、错报货物品名填写运单,致使货物运费减收或危险货物匿报、错报货物品名按一般货物运输时,按批核收全程正当运费二倍的违约金,不另补收运费差额。

到站发现货物的实际重量超过发站确定的计费重量时,对超过部分应按该批货物适用的

运价率补收全程正当运费。

运杂费迟交金,从应收该项运杂费之次日起至付款日止,每迟延一日,按运杂费(包括垫付款)迟交总额的3‰核收。

整车货物托运人在货场内自装或收货人自带装卸人员提货,未及时将货位清扫干净的,向托运人或收货人核收货位清扫费。

卸后需由承运人洗刷除污的整车货物,按零担办理运输的牛、马、骡、驴、骆驼等,均由到站向收货人核收货车洗刷除污费。

收货人自行掏箱,未清扫干净的,向收货人按箱核收集装箱清扫费。

货位清扫、货车洗刷除污费用,允许铁路局根据各地的不同情况适当提高,但最高不得超过规定费率的一倍,并报铁路总公司备案。

(3)租、占用运输设备杂费

租用或占用铁路运输设备的,按实际发生的项目和"租、占用运输设备杂费费率表"的规定核收。其中包括:合资、地方铁路及在建线货车占用费;合资、地方铁路货车篷布和集装箱占用费;自备车或租用铁路货车停放费;车辆租用费;铁路码头使用费;路产专用线租用费等6项杂费。

2. 杂费计算及尾数的处理

杂费的核收按照《铁路运杂费核收管理办法》规定进行核收。杂费计算公式如下:

$$杂费=杂费费率×杂费计费单位$$

各项杂费不满一个计算单位的,均按一个计算单位计算(另定者除外)。货运杂费按实际发生核收,未发生的项目不准核收。

杂费的尾数不足1角时按四舍五入处理。

【例2.22】 某车站专用线里程为5.3 km。试计算C_{64}一辆的取送车费。

【解】 取送车费率9.00元/(车·km),车数1车,专用线往返里程为5.3×2=10.6(km),进整取11 km。

$$取送车费=9.00×1×11=99.00(元)$$

(二)电气化附加费、铁路建设基金

1. 计算公式

(1)电气化附加费

该批货物经由国家铁路正式营业线和实行统一运价的运营临管线电气化区段时应核收铁路电气化附加费。计算公式:

$$电气化附加费=费率×计费重量(箱数或轴数)×电化里程$$

式中　费率——见电气化附加费费率表(表2.23);

计费重量——整车、零担货物按该批货物运费的计费重量计算,集装箱货物按箱计费,货物运单内分项填记重量的货物,按运费计费重量合并计算;

电气化里程——按该批货物经由国铁正式营业线和实行统一运价的运营临管线电气化区段的运价里程合并计算。

(2)铁路建设基金

该批货物经由国家铁路正式营业线和实行统一运价的运营临管线时应核收铁路建设基金,计算公式:

$$铁路建设基金＝费率×计费重量(箱数或轴数)×运价里程$$

式中　费率——见铁路建设基金费率表(表 2.24)；

　　计费重量——整车、零担货物按该批货物运费的计费重量计算，集装箱货物按箱计费，货物
　　　　　　　运单内分项填记重量的货物，按运费计费重量合并计算；

　　运价里程——按国铁正式营业线和实行统一运价运营临管线的运价里程计算。

2. 其他说明

(1)费用由发站一次核收，尾数不足 1 角按四舍五入处理。

(2)水陆联运、国际联运、军事运输均需核收。

(3)免收运费的货物、站界内搬运的货物免收。

(4)承运后发生运输变更时，按《价规》处理运费方法处理。

(5)承运后发现托运人匿报、错报货物品名或货物重量不符，致使费用少收时，到站应按正当费用补收。

(6)集装箱货物超过集装箱标记总重量，对其超过部分：20 ft 箱、40 ft 箱每 100 kg 均按该箱型运价率的 5% 核收违约金。

(三)印　花　税

印花税属铁路代收费用，印花税按运费的万分之五核收。印花税以元为单位，精确至分，分以下四舍五入。印花税起码价为 1 角。运费不足 200 元的货物，免收印花税。

【例 2.23】　包头东运往广安门铝锭一车，用 60 t C_{62} 车装运。试计算运费、电气化附加费、铁路建设基金和印花税。

【解】　包头东至广安门运价里程为 671 km；电气化里程为 505 km。

查费率表：运价号 5，运价率 17.30 元/t、0.096 元/(t·km)，计费重量 60 t；电气化附加费费率为 0.012 元/(t·km)；铁路建设基金费率为 0.033 元/(t·km)。

(1)运费 $=(17.30+0.096×671)×60=4\,902.96≈4\,903.00(元)$

(2)电气化附加费 $=0.012×60×550=263.60(元)$

(3)铁路建设基金 $=0.033×60×671=1\,328.58≈1\,328.60(元)$

(4)印花税 $=(4\,903.00+263.60)×5/10\,000=2.583≈2.59(元)$

2.3.5　知识拓展——货物运输变更运费及阻碍运费

1. 货物运输变更运费

托运人或收货人要求变更到站、变更收货人或发送前取消托运，由受理变更站核收货物运输变更手续费。

(1)货物发送前取消托运时，由发站处理，运输合同即终止，相应运单、货票作废。

费用清算：由发站退还全部运费和按里程计算的杂费，如货物运费低于变更手续费时，免收变更手续费，但不退还运费。

(2)货物发送后，托运人或收货人要求变更到站(包括同时变更收货人)时，变更处理站在承运人记载事项栏内记载有关变更事宜，并将变更事项记入货票内。

费用清算：运费与押运人乘车费应按发站至处理站，处理站至新到站分别计算，由到站向收货人清算。运输费用多退少补。

(3)货物发送后，托运人或收货人要求变更收货人，变更处理站在承运人记载事项栏记载

有关变更事宜,并记入货票内。

【例2.24】 石家庄发长沙东雪梨1 500件,重32 t,用一组B$_{22}$型冷藏车运送,发送前托运人取消托运。费用如何清算?

【解】 查里程表最短径路为1 314 km,计费重量为规定计费重量192 t,运价率按机械冷藏车运价率。

原收运费=(18.70+1.131×1 314)×48=9 160.032≈9 160.00(元)

应收变更手续费100.00元。

发站应退还发货人费用为:9 160.00-100.00=9 060.00(元)

【例2.25】 石家庄运往汉口站毛巾一批,用60 t棚车装运,货车运行至孟庙站,托运人要求变更到徐州北站(如图2.20所示)。计算新到站徐州北站清算的运费。

【解】 ①原收运费

石家庄至汉口运价里程929 km,运价号为5号,计费重量为60 t。

原收运费=(17.30+0.096×929)×60

=6 389.04≈6 389.00(元)

②变更后运费

发站至处理站里程为406+139=545(km),处理站至新到站里程为139+374=513(km)。运价号为5号,计费重量为60 t。

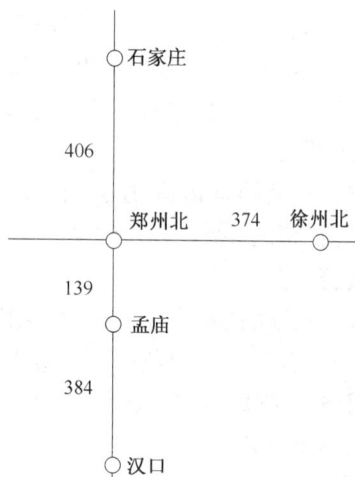
图2.20 运输变更与运输阻碍的清算

变更后运费=发站至处理站运费+处理站至新到站运费

=(17.30+0.096×545)×60+(17.30+0.096×513)×60

=8 170.08

≈8 170.10(元)

③新到站徐州北清算

应补运费=变更后运费-原运费=8 170.10-6 389.00=1 781.10(元)

④处理站孟庙站核收变更手续费300.00元

清算费用=应补运费+变更手续费=1 781.10+300.00=2 081.10(元)

2. 运输阻碍运费

对已承运的货物,因自然灾害发生运输阻碍变更到站时,处理站应在货物运单和货票上记明有关变更事项。新到站处理运费如下:

(1)运费按发站至处理站与自处理站至新到站的实际经由里程合并通算。若新到站经由发站至处理站的原经路时,计算时应扣除原经路的回程里程,杂费按实际发生核收。

(2)运输阻碍免收变更手续费。

【例2.26】 石家庄运往汉口站服装一批,用60 t棚车装运,货车运行至孟庙站前方发生水灾,中断行车。承运人根据托运人要求变更到徐州北站。计算新到站徐州北站清算的运费。

【解】 ①原收运费

石家庄至汉口运价里程929 km,运价号为5号,计费重量为60 t。

原收运费＝(17.30＋0.096×929)×60

　　　　＝6 389.04

　　　　≈6 389.00(元)

②变更后运费

发站至处理站里程为 406＋139＝545(km)，处理站至新到站里程为 139＋374＝513 (km)，扣除原经路回程里程 139 km，里程为 545＋513－139＝919(km)。运价号为 5 号，计费重量为 60 t。

变更后运费＝(17.30＋0.096×919)×60

　　　　＝6 331.44

　　　　≈6 331.40(元)

③新到站徐州北清算运费

应退运费＝原运费－变更后运费＝6 389.00－6 331.40＝57.60(元)

免收变更手续费。

2.3.6　相关规范、规程与标准

1. 杂费费率(见表 2.21～表 2.23)

2. 铁路电气化附加费核收办法

(1)为正确计算核收铁路电气化附加费，特制定本办法。

(2)铁路电气化附加费按该批货物经由国铁正式营业线和实行统一运价的运营临管线电气化区段的运价里程合并计算。

表 2.21　铁路货运营运杂费费率表

顺号	项　　目			单位	费率
1	冷却费			元/t	40.00
2	D型长大货物车使用费	标重不足 180 t	不超重	元/(t·km)	0.25
			一级超重	元/(t·km)	0.30
			二级超重	元/(t·km)	0.35
		标重 180 t 以上	不超重	元/(t·km)	0.30
			一级超重	元/(t·km)	0.35
			二级超重	元/(t·km)	0.40
			超级超重	元/(t·km)	0.60
3	D型长大货物车空车回送费			元/轴	400.00
4	整车取送车费			元/(车·km)	9.00
	集装箱取送车费		20 ft	元/(箱·km)	4.50
			40 ft	元/(箱·km)	9.00
5	机车作业费			元/0.5 h	90.00

顺号	项 目			单位	费率
6	押运人乘车费			元/(人·百 km)	3.00
7	货车篷布使用费	D 型篷布	500 km 以内	元/张	120.00
			501 km 以上	元/张	168.00
		其他篷布	500 km 以内	元/张	60.00
			501 km 以上	元/张	84.00
8	集装箱使用费	1 t 箱	500 km 以内	元/箱	6.50
			501~2 000 km 每增加 100 km 加收	元/箱	0.52
			2 001~3 000 km 每增加 100 km 加收	元/箱	0.26
			3 001 km 以上计收	元/箱	16.90
		20 ft 箱	500 km 以内	元/箱	130.00
			501~2 000 km 每增加 100 km 加收	元/箱	13.00
			2 001~3 000 km 每增加 100 km 加收	元/箱	6.50
			3 001 km 以上计收	元/箱	390.00
		40 ft 箱	500 km 以内	元/箱	260.00
			501~2 000 km 每增加 100 km 加收	元/箱	26.00
			2 001~3 000 km 每增加 100 km 加收	元/箱	13.00
			3 001 km 以上计收	元/箱	780.00
		铁路拼箱(一箱多批)		元/10 kg	0.20
9	货物装卸作业费	按《铁路货物装卸作业计费办法》的规定核收			
10	货物保价费	按《关于修订货物保价费率的通知》的规定核收			

表 2.22 延期使用运输设备、违约及委托服务杂费费率表

顺号	项 目			单位	费率
1	仓储费	承运后交付前	整车货物	元/(车·d)	150.00
			零担货物	元/(批·100 kg·d)	1.50
			20 英尺箱	元/(箱·d)	75.00
			40 英尺箱	元/(箱·d)	150.00
		仓储服务时	20 英尺箱	元/(箱·d)	75.00
			40 英尺箱	元/(箱·d)	150.00
			其他货物	元/(t·d)	2.50
2	铁路货车延期占用费			按照原铁道部《铁路货车延期占用费核收暂行办法》	
3	D 型长大货物车延期使用费			元/(t·d)	6.50
4	货车篷布延期使用费	D 型篷布		元/(张·d)	60.00
		其他篷布		元/(张·d)	30.00

续上表

顺号	项　目			单位	费率
5	冷藏车(取消托运时)空车回送费			元/车	150.00
6	机械冷藏车制冷费		单节型	元/(车·d)	300.00
			5 辆型	元/(车组·d)	1 020.00
			9 辆型	元/(车组·d)	1 080.00
7	货物运输变更手续费	变更到站、变更收货人	整车货物和 20 ft、40 ft 集装箱	元/批	300.00
			零担货物和其他集装箱货物	元/批	20.00
		发送前取消托运	整车货物和 20 ft、40 ft 集装箱	元/批	100.00
			零担货物和其他集装箱货物	元/批	10.00
8	清扫除污费	货位清扫	蔬菜、瓜果、牲畜	元/车	15.00
			散堆装货物	元/车	4.00
		集装箱清扫	20 ft 箱	元/箱	5.00
			40 ft 箱	元/箱	10.00
		货车清扫		元/车	10.00
		货车洗刷除污	整车货物 毒害品	元/车	200.00
			整车货物 其他	元/车	120.00
			按零担办理的牛、马、骡、驴、骆驼	元/头	2.00

表 2.23　租、占用运输设备杂费费率表

顺号	项　目		单位	费率
1	合资、地方铁路及在建线货车占用费	冷藏车	元/(车·h)	6.50
		D 型长大货物车	元/(车·h)	10.00
		其他货车	元/(车·h)	5.70
2	合资、地方铁路车篷租占用费	D 型篷布	元/(张·d)	60.00
		其他篷布	元/(张·d)	30.00
3	自备车或租用铁路货车停放费		元/(车·d)	40.00
4	车辆租用费	在营业线上 冰冷车、家畜车	元/(t·d)	4.00
		在营业线上 罐车、散装水泥、粮食专用车	元/(t·d)	3.60
		在营业线上 其他货车(机冷车、D 型长大货车除外)	元/(t·d)	3.00
		在专用线、专用铁路上 冰冷车、家畜	元/(t·d)	8.00
		在专用线、专用铁路上 罐车,散装水泥、粮食专用车	元/(t·d)	7.20
		在专用线、专用铁路上 其他货车(机冷车、D 型长大货物车除外)	元/(t·d)	6.00

续上表

顺号	项目			单位	费率
4	车辆租用费	机械冷藏车	单节型	元/(车·d)	160.00
			5 辆型	元/(车组·d)	660.00
			9 辆型	元/(车组·d)	1 320.00
		长大货物车	标重 180 t 以上	元/(t·d)	8.60
			标重不足 180 t	元/(t·d)	5.00
		守车		元/(车·d)	60.00
5	铁路码头使用费			元/t	0.60
6	路产专用线租用费			元/(延米·年)	200.00

铁路电气化附加费由发站一次核收。

(3)水陆联运货物铁路段铁路电气化附加费,出口货物由发站核收,进口货物由国境站核收。

军事运输也按规定的费率核收铁路电气化附加费。

(4)铁路电气化附加费的计费重量:整车、零担货物按该批运费的计费重量计算;集装箱货物按箱计费。

货物运单内分项填记重量的货物,按运费计费重量合并计算。

(5)铁路电气化附加费的尾数不足 1 角按四舍五入处理。

(6)免收运费的货物、站界内搬运的货物免收铁路电气化附加费。

(7)货物承运后发生运输变更时,按《铁路货物运价规则》处理运费的方法处理。

(8)承运后发现托运人确定的货物重量不符,致使铁路电气化附加费少收时,到站应按正当铁路电气化附加费补收。

集装箱货物超过集装箱标记总重量,对其超过部分:10 t 箱、20 ft 箱、40 ft 箱每 100 kg 按该箱型费率的 1.5% 补收电气化附加费。

(9)电气化附加费费率表见表 2.24。

表 2.24　电气化附加费费率表

种类 项目			计费单位	费率
整车货物			元/(t·km)	0.012 00
零担货物			元/(10 kg·km)	0.000 12
自轮运转货物			元/(轴·km)	0.036 00
集装箱	20 ft 箱		元/(箱·km)	0.192 00
	40 ft 箱		元/(箱·km)	0.408 00
	空自备箱	20 ft 箱	元/(箱·km)	0.096 00
		40 ft 箱	元/(箱·km)	0.204 00

电气化附加费计算公式为:

$$电气化附加费＝费率×计费重量(箱数或轴数)×电化里程$$

(10)货票填制及报表列报。

电气化附加费在货票上另行填记,在收入报表内以"电化费"列报。发送的国际联运货物在运单 54 栏杂费项下以编号"电"填记。

3. 新路新价均摊运费核收办法

(1)为正确计算核收铁路货物的新路新价均摊运费,特制定本办法。

(2)铁路货物的新路新价均摊运费按发站至到站国铁正式营业线和实行统一运价运营临管线的运价里程计算。

铁路货物的新路新价均摊运费由发站一次核收。

(3)国际联运国内段铁路新路新价均摊运费,出口货物由发站核收,进口货物由国境站核收。

军事运输也按规定的费率核收铁路新路新价均摊运费。

(4)铁路新路新价均摊运费的计费重量:整车、零担货物按该批运费的计费重量计算;集装箱货物按箱计费。

货物运单内分项填记重量的货物,按运费计费重量合并计算。

(5)铁路新路新价均摊运费的尾数不足 1 角按四舍五入处理。

(6)免收运费的货物、站界内搬运的货物免收铁路新路新价均摊运费。

(7)货物承运后发生运输变更时,按《铁路货物运价规则》处理运费的方法处理。

(8)承运后发现托运人确定的货物重量不符,致使铁路新路新价均摊运费少收时,到站应按正当铁路新路新价均摊运费补收。

集装箱货物超过集装箱标记总重量,对其超过部分:10 t 箱、20 ft 箱、40 ft 箱每 100 kg 按该箱型费率的 1.5％补收新路新价均摊运费。

(9)铁路新路新价均摊运费按"新路新价均摊运费费率表"规定的费率核收。

铁路新路新价均摊运费计算公式为:

$$新路新价均摊运费＝均摊运价率×计费重量(箱数或轴数)×运价里程$$

(10)货票填制及报表列报。

铁路新路新价均摊运费在货票上另行填记,在收入报表内以"新路运费"列报,发送的国际联运货物在运单 54 栏杂费项下以编号"新"填记。

4. 铁路建设基金计算核收办法

(1)为正确计算核收铁路建设基金,特制定本办法。

(2)铁路建设基金按国铁正式营业线和实行统一运价的运营临管线的运价里程计算。

铁路建设基金由发站一次核收。

(3)国际联运国内段铁路建设基金,出口货物由发站核收,进口货物由国境站核收。

军事运输也按规定的费率核收铁路建设基金。

(4)铁路建设基金的计费重量:整车、零担货物按该批运费的计费重量计算,集装箱货物按箱计费。

货物运单内分项填记重量的货物,按运费计费重量合并计算。

(5)铁路建设基金的尾数不足 1 角按四舍五入处理。

(6)免收运费的货物、站界内搬运的货物免收铁路建设基金。

(7)货物承运后发生运输变更时,按《铁路货物运价规则》处理运费的方法处理。

(8)承运后发现托运人匿报、错报货物品名或货物重量不符,致使铁路建设基金少收时,到站除按正当铁路建设基金补收差额外,另核收该差额等额的违约金。

集装箱货物超过集装箱标记总重量,对其超过部分:10 t箱、20 ft箱、40 ft箱每100 kg按该箱型费率的1.5%计算。

(9)国铁的正式营业线和实行统一运价的运营临管线按"铁路建设基金费率表"(见表2.25)规定的费率核收铁路建设基金。

表2.25 铁路建设基金费率表

种类 \ 项目		计费单位	农药	磷矿石	其他货物
整车货物		元/(t·km)	0.019	0.028	0.033
零担货物		元/(10 kg·km)	0.000 19	0.000 33	
自轮运转货物		元/(轴·km)	0.099		
集装箱	20 ft箱	元/(箱·km)	0.528 0		
	40 ft箱	元/(箱·km)	1.122 0		
	空自备箱 20 ft箱	元/(箱·km)	0.264 0		
	空自备箱 40 ft箱	元/(箱·km)	0.561 0		

注:整车化肥、黄磷免征铁路建设基金。

铁路建设基金的计算公式为:

$$建设基金=费率×计费重量(箱数或轴数)×运价里程$$

(10)货票填制及报表列报。

铁路建设基金在货票上另行填记,在收入报表内以"基金"列报,发送的国际联运货物在运单54栏杂费项下以编号57填记。

项目小结

通过本项目的学习,掌握裸装货物运输组织相关知识及技能,本着安全经济的原则,依据铁路货运法律法规的相关规定,分工协作完成裸装货物票据台账填写、运费核算、装载加固等运输组织工作。重点掌握装载加固工作和货物运费核算相关知识技能点,以保证货物安全为前提,尽力减少运输费用,为货主提供安全经济的运输组织方案。

复习思考题

1. 可用于装运裸装货物的铁路货车有哪些?每种分别列举出至少两种货车型号。

2. 适合加固裸装货物的加固材料有哪些?请列举出你能想到的所有材料名称。

3. 仔细阅读《车站整车货物作业要求》(TB/T 2116.2—2005)后,请拟出在整车货物作业过程中承运人需要备齐哪些资料及备品?

提示:如在受理订单环节,需向托运人提供"铁路货物运输服务订单",此"订单"即为承运人需要配备的资料之一。

4. 用你的理解描述原木的特点,并对比原木与钢板在装车作业上的侧重点有何不同? 准许运输原木的货车车种有哪些?

5. 货物运费计算的影响因素有哪些?

6. 列出整车、零担、集装箱货物运费计算公式。

7. 在什么情况下,货物的运价里程按实际经由计算?

8. 确定下列货物的运价号:

(1)水泥　　　 (2)食用油　　　 (3)复印机　　　 (4)瓷砖　　　 (5)童车

9. 确定运价里程。

(1)四平—抚顺　　　 (2)沈阳—兰州西　　　 (3)新乡—南京东

(4)大同—成都东　　　 (5)二连—满洲里(过境)

10. 整车货物运费计算。

(1)发站通化,到站张家口,货物品名葡萄酒,件数 6 000,包装纸箱,货物重量 48 000 kg,使用车型 P_{60}。

(2)发站阳泉,到站保定,货物品名煤,散装,货物重量 61 300 kg,使用车型 C_{62}。

项目3　包装货物运输组织

项目描述

　　本项目主要介绍包装货物轻重配装、货车施封及篷布苫盖相关知识,重点介绍了货物损失分类、记录编制及货物损失处理等知识点,要求学生在项目学习后,能分工协作完成包装货物的码放、装车、施封、苫盖篷布等运输组织工作。在货物发生货损、货差等货物损失时,能依据《货损规则》等规章相关规定,正确及时处理损失货物。

拟实现的教学目标

　　1. 能力目标

　　(1)能严格按照车站整车货物作业(TB/T 2116.2)中的规定程序、作业内容及质量要求,分工种协作办理包装货物的发送、途中、到达作业。

　　(2)能按规定完成货车的施封与篷布苫盖工作。

　　(3)能正确识别各种包装储运标志,并合理安全组织货物码放和装卸车工作。

　　(4)能严守规章,正确及时处理货物损失。

　　2. 知识目标

　　(1)了解包装货物特点及包装、堆码要求。

　　(2)了解棚车施封及篷布苫盖要求。

　　(3)了解整车货物轻重配装相关知识。

　　(4)了解货物损失分类、记录的编制及货物损失的处理方法。

　　3. 素质目标

　　具备发生货物损失后的应急处理能力,培养在货物运输过程中严守规章标准、确保安全,发生事故后沉稳果断、灵活应变处事的职业素质。

典型工作任务1　组织袋装货物运输

3.1.1　教学目标

　　1. 能力目标

　　(1)能严格按照车站整车货物作业(TB/T 2116.2—2005)中的规定程序、作业内容及质量要求,分工种协作办理包装货物的发送、途中、到达作业。

　　(2)能按规定完成棚车施封工作。

　　(3)能正确识别各种包装储运标志,并合理安全组织货物码放和装卸车工作。

2. 知识目标

(1)了解包装货物特点及包装、堆码要求。

(2)了解棚车施封要求。

(3)了解整车货物轻重配装相关知识。

3. 素质目标

培养在货物运输过程中严守规章标准、确保安全的职业素质。

3.1.2　工作任务

请利用本学习单元所学知识,按案例条件与任务要求处理以下案例。

【案例情况说明】　2011 年 10 月 18 日河南省雪健实业有限公司,在漯河车站托运袋装小麦粉(密度 0.6 t/m³),塑钢带包装棉花密度(0.1 t/m³),批准计划号为 09N00381510,使用 P_{64} 型棚车(标重 58 t、容积 116 m³)2 辆装运,安排当日搬入货场,次日由承运人负责装车完毕,车号分别为 P_{64}3413390/3480082,货票号码 08254/08255。挂入 21601 次货运列车发往成都东车站。10 月 26 日到达成都东站,当日 9:30 由车站组织卸车,于 14:10 卸车完毕,通知收货人李红才前来领取货物。其他未尽事宜自行假设。

【任务要求说明】　请按上述情况制定该货物运输工作计划,重点列明轻重配装方案、施封注意事项、货物堆码注意事项。以学习小组为单位做出决策后,每组派代表从教师处领取学习道具,然后分角色模拟工作情境完成案例所示的货物运输组织全过程。任务完成后,小组成员分别记录自己的角色分工,并按步骤记录自己在本次任务中承担的任务要点、困难及解决措施、实施结果和耗费的时间。

【重点注意事项】

1. 重质货物与轻质货物的轻重配装问题。

2. 棚车施封问题。

3. 袋装货物的包装、堆码问题。

3.1.3　所需配备

铁路货运规章,车辆模型、袋装货物模型、施封锁、货运各工种标牌(可佩戴胸前)、货物运单、货票、戳记、印泥。

3.1.4　相关配套知识

知识点一　整车货物轻重配装

(一)相关概念

1. 包装

"包装"是指针对货物的特性选择适当的物料、采用特定的方法对货物进行覆盖、包裹、捆绑等处理,以达到在流转过程中保护货物的目的。包装对货物不仅起保护作用,而且能够减少储存、运输过程中的货损,节约仓租和节省运费。

2. 轻重配装

以整车托运的重质货物和轻质货物,由铁路组织配合装载,称为整车货物轻重配装。

装车时应先装重质货物然后装轻质货物。

3. 重质货物

重质货物是指未装满货车容积,但已达到货车标记载重量的货物,如大米、生铁块等。

4. 轻质货物

轻质货物是指装满货车容积,但未达到货车标记载重量的货物,如棉花、包装编织袋等。

轻重配装是为了充分利用货车标重和容积,节约货车吨位。

(二)轻重配装的方法

【例3.1】 某站有生铁块和棉花均为待运货物,如何组织能提高货车载重量利用效率?以标重60 t的P_{60}型货车装载,其车内有效容积为120 m³;生铁块密度7.3 t/m³,棉花密度0.1t/m³。

方法一:将重质货物生铁块装一车,将轻质货物棉花装另一车,计算两车的货物发送吨数如下:(密度ρ＝重量P/体积V)

(1)$\rho_重＝V_{有效}×\rho_重＝120×7.3＝876(t)＞$标重60 t,

只能装满标重60 t,则$P_重＝60$ t。

(2)$\rho_轻＝V_{有效}×\rho_轻＝100×0.1＝10(t)＜$标重60 t,

但已装满车容,则$P_轻＝12$ t。

故两车共装货物吨数为:60＋12＝72(t)。

方法二:将重质货物和轻质货物按一定比例配装,计算两车的货物发送吨数如下:

若每车的重质货物装48.7 t,轻质货物装11.3 t,即每车共装48.7＋11.3＝60(t)。

故两车共装货物吨数为:60＋60＝120(t)。

通过上例可知,轻重配装的方法能使货车载重量利用效率得到提高。要使轻重配装得到最大效果,必须使所装货物的加权平均单位体积重量等于货车的比载重,并定出重质货物和轻浮货物的正确比例。

整车轻重配装计算轻重货物重量比例的关系式如下:

$$P_标＝P_重＋P_轻 \quad (t)$$

$$V_{有效}＝V_重＋V_轻＝P_重/\rho_重＋P_轻/\rho_轻 \quad (m^3)$$

将上式变形:

$$P_重＝P_标－P_轻＝P_标－\rho_轻(V_{有效}－\frac{P_重}{\rho_重})$$

$$＝P_标－\rho_轻·V_{有效}＋\frac{\rho_轻}{\rho_重}·P_重$$

故:

$$P_重＝\frac{\rho_重(P_标－V_{有效}·\rho_轻)}{\rho_重－\rho_轻} \quad (t)$$

$$P_轻＝P_标－P_重 \quad (t)$$

式中 $P_标$——货车标记载重量,t;

$V_{有效}$——货车有效容积,m;

$P_重$——应装的重质货物吨数,t;

$P_轻$——应装的轻浮货物吨数,t;

$\rho_{重}$——重质货物单位体积重量，t/m^3；

$\rho_{轻}$——轻浮货物单位体积重量，t/m^3。

（三）轻重货物配装要求

轻重货物具体的配装要求有：

（1）必须有计划地事先组织，根据批准的月度货物运输计划，把能配装的货物安排在同一句内装车。配装于一车的货物应指定在同一天进货，堆放在同一货位或相邻货位上。装车时应先装重质货物，后装轻浮货物。

（2）最好是同一到站的货物，或同一径路上相距不太远的两个到站，且不影响发站执行列车编组计划和实现运输方案，即两个到站应该在同一个列车编组组号范围内。

轻重配装两到站间的合理距离，用下式表示：

$$S_2 \leqslant \frac{\Delta P_1}{\Delta P_2} S_1$$

式中　S_2——两到站间的合理距离，km；

　　　S_1——发站至第一到站的距离，km；

　　　ΔP_1——配装节省的车辆吨位；

　　　ΔP_2——第一到站卸后浪费的车辆吨位。

【例 3.2】　某站有袋装食盐和袋装草粉均为待运货物，两货物到站在同一径路上，可同列编组，发站至食盐到站的距离为 1 236 km，发站至草粉到站的距离为 1 098 km。问该站能组织这两种货物的配装吗？如果可以，如何配装能提高货车载重量利用效率？（以标重 60 t 的 P_{60} 型货车装载，其车内有效容积为 120 m^3；食盐密度 2.1 t/m^3，草粉密度 0.3 t/m^3）

【解】　（1）对比配装前后货物的发送吨数。

不配装：$P_{食盐} = V_{有效} \times \rho_{食盐} = 120 \times 2.1 = 252(t) >$ 标重 60 t，只能装满标重 60 t，则 $P_{食盐} = 60$ t。

$P_{草粉} = V_{有效} \times \rho_{草粉} = 120 \times 0.3 = 36(t) <$ 标重 60 t，但已装满车容，则 $P_{草粉} = 36$ t。

两车共装货物吨数为：$P = 60 + 36 = 96(t)$。

配装：

$$P_{重} = \frac{\rho_{重}(P_{标} - V_{有效} \cdot \rho_{轻})}{\rho_{重} - \rho_{轻}} = \frac{2.1 \times (60 - 120 \times 0.3)}{2.1 - 0.3} = 28(t)$$

$$P_{轻} = P_{标} - P_{重} = 60 - 28 = 32(t)$$

两车共装货物吨数为：$P' = 2 \times (28 + 32) = 120$ t。

对比结果：配装后两车共多装了 $\Delta P_1 = P' - P = 120 - 96 = 24(t)$。

（2）确定两到站间距离是否合理

$$S_2 = \frac{\Delta P_1}{\Delta P_2} S_1 = \frac{24}{32 \times 2} \times 1\ 098 = 411.75(km)$$

$S = 1\ 236 - 1\ 098 = 138 < S_2$，故两到站间距离是合理的，可以组织轻重配装。

（3）轻重配装方案

依据题意及以上计算结果可知，两车货物的轻重配装方案见表 3.1。

表 3.1　轻重配装方案

车　　辆	食盐装载吨数(t)	草粉装载吨数(t)
第一辆棚车	28	32
第二辆棚车	28	32
总计发送吨数	120	

注意事项:须有计划地事先组织,根据批准的月度货物运输计划,把食盐和草粉安排在同一旬内装车,指定在同一天进货,堆放在同一货位或相邻货位上。装车时应先装重质货物食盐,后装轻浮货物草粉。

知识点二　棚车施封

(一)施封基本规定

1. 施封目的

其目的主要是:划分责任,保证运输安全。

货车施封是货物(车)交接,划分运输责任的一项手段,是贯彻责任制,保证货物运输安全的重要措施。

2. 施封条件

使用棚车、冷藏车、罐车、集装箱运输的货物都应施封,但派有押运人的货物,需要通风运输的货物和组织装车单位认为不需施封的货物(集装箱运输的货物除外)以及托运的空集装箱可以不施封。

3. 施封单位

一般由组织装车或装箱单位负责,托运人可委托承运人施封,但必须在运单上注明"委托承运人施封"最后核收施封费。

(二)施封基本方法

施封的货车应使用粗铁线将两侧车门上部门扣和门鼻拧固并剪断燕尾,在每个车门下部门扣处各施施封锁一枚。施封后须对施封锁的锁闭状态进行检查,确认落锁有效,车门不能拉开。在货物运单或者货车装载清单和货运票据封套上记明下部施封号码(如 F125355、125356)。

发现施封锁有下列情况时按无效封处理:

(1)钢丝绳的任何一端可以自由拔出,锁芯可以从锁套中自由拔出。

(2)钢丝绳断开后再接,重新使用。

(3)锁套上无站名、号码和站名或号码不清、被破坏。

施封及拆封的技术要求,应按《货规》附件二《货车和集装箱施封拆封的规定》办理。

知识点三　货物包装堆码要求

(一)货物基本堆码标准

总指导原则:安全、经济、便利、整齐、文明。

1. 一般货物基本堆码技术要求

稳固整齐、大不压小、重不压轻、箭头向上;卸车货物要好坏分码,破损不入垛。

2. 怕湿货物基本堆码技术要求

露天堆码,上部起脊,下垫上盖。

3. 装车货物基本堆码技术要求

距钢轨头部外侧不小于 2 m。

4. 卸车货物基本堆码技术要求

距钢轨头部外侧不小于 1.5 m。

5. 各种货垛基本堆码技术要求

距电源开关、消火栓不小于 2 m。

6. 站台上的货垛基本堆码技术要求

距站台边沿不小于 1 m。

(二)货场内整车散堆货物堆码标准

1. 煤、灰、砂石土类货物堆码技术要求

集中堆放,保持自然坡度,不同品种货物不掺不压。

2. 砖、瓦堆码技术要求

定型堆码,稳固整齐,碎砖、瓦收拢成堆、不入垛。

3. 木杆、毛竹等货物堆码技术要求

理顺不杂乱,不架空,集中垂直线路堆码,需要平行线路堆码要打掩。

4. 规格石料、条块类货物堆码技术要求

按自然规格堆码,成行成垛,稳固整齐。

(三)货场内整车包件货物堆码标准

1. 袋装货物堆码技术要求

丁字起头,分行码放,边行袋口朝里,垛形整齐。

2. 箱装货物堆码技术要求

分行码放,顶部压缝,垛形整齐;纸箱、液体货物封口向上,垛高不超过包装标志层高。

3. 杂木杆等捆状货物堆码技术要求

集中顺码,货垛两头交叉码,垛形整齐。

4. 棉花、布匹等包状货物堆码技术要求

丁字起头,分行码放,上部压缝,垛形整齐。

5. 桶装货物堆码技术要求

纵横成行,重高压缝,分行码放,桶口向上。

6. 空桶及桶状货物堆码技术要求

卧放时骑缝,两侧打掩,垂直于线路码放。

7. 筐装蔬菜、瓜果堆码技术要求

(1)底层立码成行,重高卧码骑缝;

(2)立码成行,重高压缝对中,筐盖向上;

(3)方筐分行码放,横竖对正,顶部压缝,筐盖向上。

8. 罐、坛类货物堆码技术要求

(1)双层立码,紧靠压缝,封口向上,稳固整齐;

(2)卧码时,底层排紧,两侧打掩,重高骑缝,封口朝向一致。

9. 裸体配件类货物堆码技术要求

分开品类,规格码放,便于清点,垛形稳固整齐。

10. 各种零担货物堆码技术要求

标签向外,留有通道,按批码放,便于清点。

(四)车内货物堆码标准

(1)一般货物堆码技术要求

车内(或车门处)空隙较大时要阶梯码放;各种货物码放应做到不偏重,不集重,不超重。

(2)零担货物装车堆码技术要求

轻重配装,大小套装,挤紧码严,长大不堵门,笨重不上高。

(3)易磨损、污染货物堆码技术要求

易磨损货物要衬垫,易污染货物要隔离,流质、易磨损货物不与易窜动和有尖锐棱角货件码在一起。

(4)高出车帮的货物堆码技术要求

高出车帮的货物要分层压缝,稳固整齐;超出车帮时,两侧突出部分要一致,货物重心倾向车内,不超限。

(五)货物包装储运要求

货物的运输包装是保证货物运输安全的主要条件,托运人托运货物,应根据货物的性质、重量、运输种类、气候以及货车装载等条件,使用符合运输要求、便于装卸和保证货物安全的运输包装。

托运的货物,应按国家包装标准或部包装标准(行业标准)进行包装。对没有统一规定包装标准的,车站应会同托运人研究制定货物运输包装暂时标准,共同执行。对于需要试运的货物运输包装,除另定者外,车站可与托运人商定条件组织试运。

货物的运输包装不符合要求时,应由托运人改善后承运。

某些在运输和装卸过程中需要特别注意的货物,托运人应根据货物的性质,按照 GB/T 191—2008《包装储运图示标志》,在货物包装上做好包装储运图示标志,如图 3.1 所示。

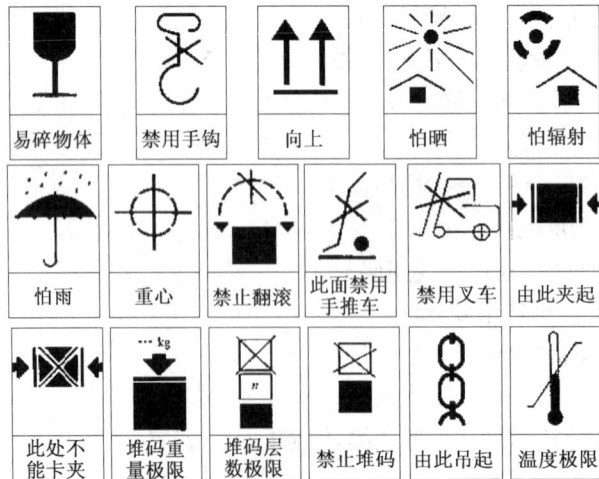

图 3.1　包装储运图示标志

3.1.5　知识拓展——货物包装类型、限重及包装号的相关规定

铁路运输包装容器分为箱、桶、袋、裹包、筐及其他 6 类 25 种形式,其名称、限重及包装号

见表 3.2。

表 3.2　运输包装类型表

序号	类别	包装型式	限重	包装号
1	箱类	普通木箱	140 kg	1—1
		滑木箱	141～1 500 kg	1—2
		框架木箱	500 kg 以上	1—3
		胶合板、纤维板箱	50 kg	1—4
		瓦楞纸箱	40 kg	1—5
		钙塑瓦楞箱	30 kg	1—6
		金属箱		1—7
2	桶类	钢桶	200 L	2—1
		铝桶	100 L	2—2
		纤维板、胶合板桶	30 kg	2—3
		硬纸板桶	30 kg	2—4
		硬塑板桶	50～200 L	2—5
3	袋类	麻袋	100 kg	3—1
		布袋	30 kg	3—2
		塑料编织袋	60 kg	3—3
		复合塑料编织袋	60 kg	3—4
4	裹包类	麻包	50 kg	4—1
		布包	200 kg	4—2
		纸包	20 kg	4—3
		塑料编织布包	50 kg	4—4
5	筐类	筐	40 kg	5
6	其他类	夹板		6—1
		轴盘		6—2
		局部包装		6—3
		捆扎		6—4

3.1.6　相关规范、规程与标准

《铁路货物运输规程》、《铁路货物运输管理规则》、铁路车站货运作业标准（TB/T 2116.2—2005）、中华人民共和国铁路运输货物堆码标准（TB/T 1937—1987）。

典型工作任务 2　组织箱装货物运输

3.2.1　教学目标

1. 能力目标

（1）能按规定完成篷布苫盖工作。

(2)能严守规章,正确及时判定货物损失等级。

2. 知识目标

(1)了解篷布苫盖要求。

(2)掌握货物损失的分类。

3. 素质目标

具备正确判定和处理货物损失的能力,培养在货物运输过程中严守规章标准、确保安全的职业素质。

3.2.2 工作任务

请利用本学习单元所学知识,按案例条件与任务要求处理以下案例。

【案例情况说明】 托运单位云南红庆糖业有限公司,2014 年 3 月 18 日在云南昆明南站托运瓦楞纸箱包装赤砂糖一批,欲发往河南郑州罐头食品厂。使用 $C_{62}4107315$ 装运,次日由承运人组织装车。3 月 26 日到达郑州东站,车站卸车发现篷布顶被割,会同公安卸车,卸后清点较票记 600 件不足 30 件。其他未尽事宜自行假设。

【任务要求说明】 请按上述情况制定该货物运输工作计划,重点列明货物包装堆码要求、敞车篷布苫盖注意事项、货物损失种类的判定问题。以小组为单位做出决策后,每组派代表从教师处领取学习道具,然后分角色模拟工作情境完成案例所示的货物运输组织全过程。任务完成后,小组成员分别记录自己的分工,并按步骤记录自己在本次任务中承担的任务要点、困难及解决措施、实施结果和耗费的时间。

【重点注意事项】 完成这一任务时,应特别注意以下问题:

1. 敞车篷布苫盖问题。

2. 货物损失种类的判定问题。

3.2.3 所需配备

铁路货运规章,车辆模型、箱装货物模型、篷布、绳索、货运各工种标牌(可佩戴胸前)、货物运单、货票、戳记、印泥。

3.2.4 相关配套知识

知识点一 篷布苫盖

(一)车站篷布工作的主要职责

(1)掌握篷布到发登记及中转篷布的出入统计,对到发的篷布应填写"货车篷布到发登记簿",做到账物相符,并于每日 18:00 前填写"货车篷布报告",按要求向铁路局篷调报告。

(2)对达到和回送的篷布及专用线,专用铁路送回的篷布,进行检查、验收。

(3)对破损篷布及时组织回送篷布修理所。包括篷布标记不全、号码不清等所有不符合运用要求的篷布及时送修。

(4)将篷布按规定方法折叠,固定存放地点,妥善保管,并进行日常整理和晾晒。

(5)向铁路局篷调请求使用篷布命令。

(6)根据篷布使用量和现有数,向铁路局篷调申请调拨或回送。

(7)加强篷布管理,知道篷布的正确使用,核收有关费用。

(二)货车篷布苫盖技术条件

1.使用范围

货车篷布在全国铁路营业线、临时营业线、地方铁路上使用,专用于苫盖敞、平车装运的怕湿或易燃货物以及其他需要苫盖篷布的货物,严禁他用。包括不准在货场苫货和垫货。毒害品、腐蚀性物品及污染性物品不得使用铁路篷布。苫盖易于损坏篷布的货物时,装车单位必须采取防护措施,防护材料由托运人提供。

2.篷布使用前的质量检查

布体完整,无破损,眼圈完好,标记、号码完整清晰。绳索齐全、完整、无接头、插接牢固,与篷布连接正确。

篷布的质量、状态,直接影响到行车和货物的安全。因此,篷布破损或绳索不齐全,应进行更换。铁路篷布损坏、丢失时,由责任单位赔偿,具体规定见《铁路篷布损坏丢失处理办法》。

3.苫盖基础

(1)篷布仅限敞车使用。其他车辆和货物装载高度超过敞车端侧墙 1 m 以上或有押运人乘坐的敞车不得苫盖篷布。

(2)需要加固的货物必须在苫盖篷布前捆绑加固完毕。

(3)货车丁字铁上无残留的旧绳头、铁线等废弃物。

(4)货物装载高度低于车辆端侧墙时,应牢固安置篷布支架,支架突出部位与篷布接触处应采取防磨措施。

(5)苫盖易于损坏篷布的货物时,在篷布与货物之间应采取防磨或防护措施。

4.苫盖及捆绑方法

(1)篷布苫盖

①正面(腰绳向外)纵向苫盖,货车两侧篷布下垂高度应一致。货车手制动闸一端篷布下垂遮盖端墙部分高度 300～500 mm,另一端下垂遮盖端墙部分高度 600 mm。

②D 型篷布:每车苫盖一张,车辆较短时,篷布多余部分可折叠在中部相邻两腰绳处的篷布下方,折叠部分两腰绳对角拉紧拴固。

(2)篷布包角

将篷布角绳拉紧,使篷布角向内侧展开成三角形,布角两面压平后折向货车端墙,在车辆两端严密包角,使压绳压住包角。

(3)篷布与货车的拴结

①篷布绳应拴结在货车丁字铁上,不得捆绑在其他部位。

②中间折叠处的加固:车辆中部的篷布角(腰)绳分别向相对方向斜拉。

③货车两端篷布角绳沿货车端墙交叉后分别拴结在车辆端部的两丁字铁上。角绳经货车手制动闸台时,应从其上方通过;经闸杆、提钩杆时,应从其内侧穿过。货车两端篷布中间的两根端绳分别垂直向下拉紧拴结在车辆端部的两丁字铁上,经提钩杆时,也应从其内侧穿过。

④篷布每端的压绳,应压住篷布包角拉紧,使篷布紧贴在车辆端墙上,分别捆绑在车辆侧部的第二个丁字铁上,不得拴结在端梁和车侧端部的丁字铁上。

⑤腰绳应直拉拴结在车侧丁字铁上。装车时,弹力腰绳弹力部分的拉伸长度不小于

300 mm。使用 D 型篷布时,车辆中间有丁字铁的,中间的腰绳捆绑在车辆中间的丁字铁上;车辆中间无丁字铁的,篷布中间的腰绳分别捆绑在靠近车辆中间的丁字铁上。其他腰绳,从车辆两端开始,朝向车辆中部,顺序捆绑在相应丁字铁上。弹力棒不紧靠眼圈时,应将弹力绳从中间收起,并将中间多余绳索折叠打两个死结后余尾用绳卡或麻绳绑 5 圈与自身绳杆捆紧。

⑥篷布绳采用蝴蝶套结拴接法或回头花结法,拴接后的绳头,应绕在自身绳杆上,至少打两个死结。绳头余尾长度不得超过 300 mm,不短于 100 mm。

⑦除篷布自带绳索和篷布网绳外,不得使用其他绳索捆绑篷布。

⑧篷布绳、篷布网绳系绳余尾须使用绳卡进行固定。

5. 苫盖后检查

(1)篷布苫盖平坦,货物不外露。顶部起脊,两端包角密贴,两侧线条流畅。各部位不超限。

(2)篷布绳拴结、捆绑位置正确。绳结牢固,无松弛脱落。

(3)货车手制动闸盘外露,不影响人力制动机及提钩杆使用。

(4)车辆两侧篷布下垂高度一致。

(5)篷布(包括篷布网绳)苫盖捆绑完毕后,装车单位对车辆两侧(包括篷布号码)、两端及中部篷布苫盖状态各拍照一张,留存 3 个月。

(三)铁路篷布回送

铁路篷布凭调度命令回送。车站填制"特殊货车及运送用具回送清单"一式两份,一份随车运送到站,一份留站存查(合资铁路、地方铁路回送铁路篷布时,应增加一份送交接站)。

回送到使用站的篷布必须是状态良好的运用篷布,回送到篷修所的篷布必须是待修或待报废篷布。运用篷布不得与待修或待报废篷布混装。

铁路篷布回送时,"特殊货车及运送用具回送清单"填记回送铁路篷布的总张数,并将铁路篷布号码准确填制在"货车篷布交接单"上。运用篷布填制一式二份,一份留站存查,一份随车运送至到站,待修或待报废篷布增加一份交篷布修理所。

铁路局管内可凭回送清单利用行李车(一批限 10 张以内)免费回送铁路篷布。行李员负责行李车回送篷布的交接。

跨局回送铁路篷布只限整车(每车不少于 100 张)装运,所需车辆应优先调配和挂运,不受停、限装限制。使用敞车回送时,苫盖的铁路篷布按回送铁路篷布统计。

铁路篷布回送,途中变更到站时,原到站与变更后到站不属同一铁路局的由铁道部篷布调度批准,其他情况由铁路局篷布调度批准。

铁路篷布回送,到站货运员应核对数量和号码,与实际不符时,应于 12 h 内向发站和发到局篷布调度拍发电报。发站无异议时,铁路局篷布调度按到站实收数调整;发站有异议时,应于三日内派人赴到站复查,并将结果通知铁路局篷布调度。

知识点二　货物损失概述

(一)货物损失处理的基本要求

处理货物损失应贯彻《中华人民共和国铁路法》,执行国家法律、行政法规和有关规章制度,坚持"事故原因不查清不放过、事故责任者得不到处理不放过、整改措施不落实不放过、教训不吸取不放过"(简称"四不放过")的原则。

发现货物损失后,积极抢救,采取保护措施,尽量减少损失,查清事实和原因,秉公处理。

货物损失处理服务质量应符合 TB/T 2968 的规定,"铁路运输企业应建立货物损失处理服务体系;货物损失处理机构的工作必须符合国家铁路主管部门的规定;负责事故处理的工作人员要树立为货主负责的思想,事故处理要坚持依法办事的原则,坚持以事实为依据,以规章为准绳,货运记录编制准确、查复迅速,最大限度减少货主损失;铁路运输企业接到货主赔偿要求后,须在规定时间内做出处理;铁路货物运输过程中对火警、治安及其他紧要情况要有处置预案,发生险情及时处理"。

对属于铁路责任的货物损失,应贯彻"先赔付,后划分内部责任"的原则,及时办理赔偿。

(二)货物损失的种类和等级

1. 货物损失的定义

货物在铁路运输过程中(自铁路运输企业接收货物时起,至将货物交付收货人时止)发生灭失、短少或者损坏属于货物损失。

2. 货物损失的种类

货物损失分为五类:

(1)火灾。

(2)被盗(有被盗痕迹)。

(3)丢失(全批未到或部分短少、漏失,没有被盗痕迹)。

(4)损坏(破裂、变形、磨伤、摔损、部件破损、湿损、腐烂、植物枯死、活动物死亡、污染、染毒等)。

(5)其他(办理差错及其他原因造成的货物损失)。

"火灾"是指在铁路运输过程中,由于运输物资或运载货物的车辆、集装箱发生失去控制的燃烧,造成货场、仓库、货车、设施、运输物资损失和人员伤亡等后果的灾害。

"被盗"和"丢失",二者的区别在于是否有被盗痕迹,对于包装封条开裂、捆匝脱落,内品短少或被调换,除能证明属于被盗之外,按丢失处理。货物全批灭失,件数短少,包破内少的,按丢失处理。货车破封不能一概视为被盗,是否被盗还是要看货物有无被盗痕迹。

3. 货物损失等级

货物损失分为四级:

(1)一级损失。货物损失款额(以下简称损失款额)10 万元以上的。

(2)二级损失。损失款额 1 万元以上未满 10 万元的。

(3)三级损失。损失款额 1 000 元以上未满 1 万元的。

(4)轻微损失。损失款额未满 1 000 元的。

"货物损失款额"既包括货物的损失,也包括其他直接经济损失,应以此来确定货物损失的等级。铁路赔偿款额只是表示在该起货物损失中铁路所承担的经济责任,而不能作为确定货物损失等级的依据。

3.2.5　知识拓展——铁路篷布损坏丢失处理办法

1. 铁路篷布损坏、丢失时,由责任者赔偿,因不可抗力、运输途中治安原因造成的除外。

2. 铁路内部责任划分有分歧时,由有关局协商;不一致时,报铁路总公司篷布调度裁决。

3. 铁路篷布损坏、丢失按下列规定核收赔偿费用。

(1)发生报废、丢失时,按当年篷布购置价格赔偿。

(2)破损面积每 100 cm² 10 元;篷布破损面积达到 40% 时,按当年购置价格赔偿。

(3)篷布绳损坏或丢失时,赔偿标准由公司提出并定期报部批准。

(4)铁路篷布因托收货人责任损坏、丢失时,自指定送回车站之日起,至赔偿当日止,按规定核收篷布延期使用费。

4. 车站收取赔款后,需向铁路局篷布调度拍发电报,抄报铁道部篷布调度。电报内容包括:责任单位、篷布张数、篷布号码、赔偿金额、延期使用费金额、杂费收据号码。

5. 铁道部篷布调度应及时核减铁路局铁路篷布保有量。

3.2.6 相关规范、规程与标准

《铁路货物运输规程》、《铁路货物运输管理规则》、《铁路货物损失处理规则》、铁路货物损失处理作业标准(TB/T 3114—2005)。

典型工作任务 3　组织桶装货物运输

3.3.1 教学目标

1. 能力目标

能按规定,正确及时地处理货物损失。

2. 知识目标

通过组织桶装货物运输,重点掌握货运安全作业的相关知识及有关规定。

3. 素质目标

具有"安全第一,预防为主"及"装一辆重车,保一路平安"的思想意识和理念;具备正确处理货物损失的能力,培养在货物运输过程中严守规章标准、确保货物运输安全的职业素质。

3.3.2 工作任务

请利用本学习单元所学知识,按案例条件与任务要求处理以下案例。

【案例情况说明】　A 站发 B 站整车桶装洗涤剂一车,使用敞车装运苫盖 D 型路布一张。送到卸车地点,会同收货人检查,车体完好,见该车后方顶部篷布有破口一处 4 000 mm 长,为新痕,相对处见货物堆码混乱有凹坑。会同公安及有关卸车清点,较票记件数不足。(其他未尽事宜自行假设)

【任务要求说明】　请按上述情况,重点列明货运记录和普通记录的编制要求及编制后的处理,按章正确处理货物损失。

【重点注意事项】

1. 编制货运记录。

2. 货物损失的处理。

3.3.3 所需配备

铁路货运规章,货运记录、普通记录、货物损失查复书、事故货物标签、货运各工种标牌(可佩戴胸前)、货物运单、货票、戳记、印泥。

3.3.4　相关配套知识

知识点一　记录的种类和编制

（一）记录的种类

记录分为货运记录和普通记录两种。

货运记录（表 3.4）为一页绿色 A4 纸（货主页）和一页白色 A4 纸（存查页）。带号码的普通记录（表 3.5）每组一式两页，第一页为编制单位存查页，第二页为交给接方的证明页。

货运记录和普通记录号码均由铁路局编印掌握。货物损失报告只限作抄件或货运员发现货物损失时报告用。

货运记录和普通记录用纸均应建立请领、发放、使用制度。

车站必须按统一顺号连续使用记录用纸，并按编制日期和号码顺序登记。涉及货物快运的还应在货运记录左上角加盖"货物快运专用"戳记。

（二）货运记录的编制

1. 货运记录的作用

《合同法》和《铁路法》规定，货物在运输过程中发生灭失、短少、变质、污染或者损坏时，责任一方要承担赔偿责任。因此，当铁路作为承运的一方，托运人、收货人作为托运的一方，一旦发生经济纠纷，记录就是起法律效用的证明文件。

货运记录是划分责任、提出赔偿的依据，这个作用应理解为既是承运人内部各单位间，也是承运人与托运人、收货人间划分责任的依据，同时也是承运人与托运人、收货人间相互提出赔偿的依据。

从各种记录中可以了解货运工作质量，还可根据记录内容进行综合分析，找出某一时期货物运输工作中的薄弱环节和货物损失发生规律及主要原因，以便提出防范对策，制定安全措施。可以说记录是货物损失情况的真实写照，是文字式的照片，是证明货物损失发生情况的原始材料，是货物损失的档案。因此，必须予以高度的重视，严肃、认真地对待记录的编制工作。

2. 货运记录的适用范围

货运记录作为货物发生损失时的证明。凡是货物在铁路运输过程中发生货物损失的，车站均应在发现次日内按批（车）编制货运记录。但列车有货运车长时，如装车时间紧张，可在物品清单（或交接凭证）中记明货物损失情况，由卸车站编制货运记录。

遇有下列情况时也应编制货运记录：

（1）发生《货规》《管规》及其引申规则办法中所规定需要编制的情况时。

（2）自备篷布、自备集装箱运输发生损失时。

（3）一批货物中的部分货物补送或损失货物及误运送货物回送时。

（4）发现无票据、无标记、无法交付货物和公安机关查获铁路运输中被盗、被诈骗的货物以及公安机关缴回的赃款移交车站时，沿途拾得的铁路运输货物交给车站处理时。

（5）托运人组织装车，收货人组织卸车，货车施封良好，篷布苫盖和敞车、平车、砂石车货物装载外观无异状，收货人提出货物有损失经承运人确认时。

（6）集装箱运输的货物，箱体完整、施封良好，收货人提出货物有损失经承运人确认时。

3. 货运记录的编制要求

(1)一般要求

编制货运记录(见表3.4)要严肃认真,如实记载损失货物及有关方面的当时现状,不得虚构、假想和臆测,也不得在记录中做损失责任的结论,以体现记录的真实性和准确性。记录用词必须准确、简练、明了,不能用揣测、笼统、含糊的词句。记录要能客观地反映出损失发生的原因和责任,使损失处理做到原因明、定责准、结案快。

表3.4　货运记录

_____×× 铁路局

货 运 记 录　No.

(××页)

补充编制记录时记入	补充_____局_____站_____年_____月_____日
	所编第_____号_____记录

一、一般情况:

办理种别_____货票号码_____运输号码_____于_____年_____月_____日承运

发 站_____发局_____托运人_____装车单位_____

到 站_____到局_____收货人_____卸车单位_____

车种_____

车型_____车号_____标重_____吨_____年_____月_____日第_____次列车到达

_____年_____月_____日_____时_____分开始卸车_____月_____日_____时_____分卸完

封印:施封单位_____施封号码_____

二、事故情况:

项　目	货 件 名 称	件数	包装	重量		托运人记载事项
				托运人	承运人	
票据原记载						
按照实际						
事故详细情况						

三、参加人签章:

车站负责人_____编制人_____

公安人员_____收货人_____其他人员_____

四、附件:1. 普通记录_____页　2. 封印_____个　3. 其他_____

五、交付货物时收货人意见:_____

年_____月_____日编制　铁路局_____车站(公章)

注:1. 收货人(或托运人)应在车站交给本记录的次日起180 d内提出赔偿要求。

　　2. 如须同时送一个以上单位调查时,可作成不带号码的抄件。

编制货运记录应记明车(箱)体、门窗、施封或篷布的情况,货物包装及装载加固状态,损失货物装载位置、损失程度等。

货物损失涉及重量的,应将发生损失的货物和完整货物分别检斤,中途站只对成件货物中

的损失货物进行检斤,填入记录的"按照实际"栏内

货运记录各项应逐项填记。

"一般情况"栏,应根据运单及票据封套记载及到达车次、实际作业时间逐项填记。

"票据原记载"栏,应按事故货物运单记载事项详细填写,如有货无票可填记"无票"字样。

"按照实际"栏,应按货物实际情况填写,凡经检斤的货物应在"重量"栏内加以注明。如有票无货,可填写"无货"字样。

"事故详细情况"栏,应记明以下内容:

① 车辆来源及货运检查情况(货车车体、门窗、施封、篷布苫盖等情况);

② 损失货件的实际状态和损失程度;

③ 货物包装、装载状态、装载位置和周围的情况;

④ 对损失货件的处理情况。

【例 3.3】 编制货运记录"事故详细情况"栏。

上货 A 站发 B 站整车桶装洗涤剂,苫盖 D 型路布一张无异状,号码 7012345。送到卸车地点,会同收货人检查,车体完好,见该车运行后方顶部篷布有一处 4 000 mm 长破口,为新痕,会同公安、收货人共同卸车,见破口处相对货物凹陷有(1 500 mm×3 500 mm×800 mm)深坑,货物码放混乱。上货实卸 670 件,较票记 900 件,不足 30 件。凹陷处可容不足件,车内卸空无残。保价 6 万元。要求赔偿 1 800 元。

(2)重点要求

对不同种类的事故编制记录时其重点要求不同,分述如下:

①火灾

货车种类、编挂位置、邻车情况、牵引机车类型、起火部位、被烧货物装载位置,车辆防火板规格及技术状态,可能造成起火的各种迹象。

货物在货场内存放时发生火灾,应记明仓库、雨棚、相邻设备及周围堆放货物等情况,货位原来堆放何种货物和火源等。

以上均要记明火灾发生和扑灭的时间,被烧货物状态。

②被盗丢失

被盗货物装载或码放位置,车(箱)内货物装载状态,是否装满(能否容下少件),有无明显被盗痕迹,包装损坏状态,短少货物的具体品名、数量(无法判明短少数量时,应记明现有数量或现状),涉及重量时应检斤,并记明现有重量。

棚车开启车门能否明显发现。车窗处被盗丢失,应记明货物装于车窗位置以及该车窗锁闭状态。货车两侧或一侧上部施封时,应记明下部门扣是否损坏、封印的站名和号码。车门缝处货物被盗割的,应记明货物现状。

敞车装载的要记明表层货物现状和篷布、绳网苫盖状态。篷布、绳网有破口时,应记明破口位置、尺寸、新痕旧痕和破口处货物的现状。

集装箱装载的,应记明现有数量或短少数量、箱号、箱体和箱门状态。

③损坏

货物的损坏程度、部位、尺寸、新痕旧痕、包装材质、储运图示标志、装载方法、码放位置及周围货物、衬垫情况及接触本批货物的车地板、端侧墙状态。

a. 货物破损变形应记明货物现状,接触货物有无窜动或冲撞痕迹,包装损坏状态、破损部位、内货固定及衬垫情况,加固材料质量、加固方法,包装上标明的装卸方式。

b. 机械设备包装破损,底托带、支架立柱、横梁等有折断或变形,以及围衬材料破损、脱落、丢失,应对该处货物裸露部位表面进行检查,记明现状。

c. 湿损货物在货车或集装箱内的装载位置、湿损数量,可判明湿损程度时应记明湿损程度。棚车、集装箱装运的,应记明车体或箱体不良部位、状态和尺寸,是否透光,定检修单位和时间;敞车装运苫盖篷布的,应记明货物装载状况,篷布质量、苫盖、绳索捆绑等情况,篷布所属单位。

d. 货物变质应记明运单上货物的容许运输期限、实际运到时间及记事栏内容,货物包装、内部衬垫现状,货物堆码方式,变质货物位置及损失数量和程度。

机械冷藏车装运的货物应记明车内外温度、货物温度,车门胶条密封、包装及内部衬垫现状。乘务员出具的普通记录证明和机械冷藏车作业单作为附件。

e. 货物污染应记明污染物(源)名称、位置、面积、包装情况,污染物(源)与被污染货物距离,被污染货物的数量和程度,车内外是否贴有"洗刷除污"标签及车内清洁、衬垫情况。

多批货物混装时,污染物和被污染货物应分别编制货运记录。

④集装货物

外部状态发生被盗、丢失、损坏可比照(二)、(三)项内容填记,还应记明集装用具状态,堆码方式。货物散落时,应检查清点并记明现有数量,若无法清点数量的可检斤,并记明全批复查重量。集装货物拆盘(捆)卸车时,要对每盘(捆)件数清点。

⑤其他

a. 票货分离应记明票据来源、票据记载内容或货物(车)来源,以及标记内容。对无标记的,应记明包装特征或具体货物品名、件数和重量。

b. 误运送应记明判明误运送的依据,货物(车)的发站及正确到站。

c. 到站卸车发现货物包装完整,件数相符,重量短少或多出,按《货规》规定在货物运单内注明,交付时收货人提出检斤或指出包装有异状,经检斤重量不足或发现内品短少,编制货运记录,由到站调查处理。

(三)普通记录的编制

1. 普通记录的作用

普通记录(见表3.5)是货物在运输过程中,发生换装、整理或在交接中需要划分责任以及依照其他规定需要编制时,当日按批(车)所编制的一种凭证。普通记录作为现状交接证明。它是一般证明文件,不能作为要求赔偿的依据。

2. 普通记录的适用范围

遇有下列情况之一,须在当日按批(车)编制普通记录:

(1)发生《货规》《管规》及其引申规则办法中所规定需要编制的情况时。

(2)货物损失涉及车辆技术状态时。

(3)货车发生换装整理时。

(4)集装箱封印失效、丢失或封印站名、号码与票据记载不一致或未按规定使用施封锁时。

(5)货物运单、货票、货车装载清单上有记载,记载内容发生涂改或被划掉未加盖带有单位名称的人名章时。

表 3.5　普通记录

_ ×× _ 铁路局

普　通　记　录

第 _____ 次列车在 _____ 站与 _____ 站间※ 发站 _____ 发局 _____ 托运人 _____ 到站 _____ 到局 _____ 收货人 _____ 货票号码 _____ 车种车型 _____ 车号 _____ 货物名称 _____ 于 _____ 年 _____ 月 _____ 日 _____ 时 _____ 分第 _____ 次列车到达	

发生的事实情况或车辆技术状态：

厂修		
段修		
辅检	轴检	

参加人员：姓名 车　站 列车段 车辆段 其　他	单位戳记 年　月　日

注：1. 本记录一式两份，一份存查。

　　2. 编号由填发单位自行编排掌握、一份交有关单位。

　　3. 如换装整理或其他需要调查时，应作抄件送查责任单位。

　　4. ※表示车长在列车内编制时填写。

（6）卸车（换装）发现货物件数较票据记载多出时。

（7）依据其他有关规定，需要证明时。

在办理货运检查交接作业时发现问题，按规定拍发的交接电报应视为普通记录。

3. 普通记录的编制要求

（1）一般要求

编制普通记录要严肃认真，如实记载有关情况。

无运转车长值乘的列车，接方进行货运检查发现问题后，按规定拍发的电报应作为有车长值乘时交方出具的普通记录。

（2）重点要求

应记明交接时货车车体、门窗、施封或篷布、绳网的现状，货物包装及装载加固状态。

①货车封印失效、丢失、封印站名或号码无法辨认时，应记明失效、丢失和无法辨认的具体情况。

②封印的站名或号码与票据、封套或补封记录记载不符时，应记明封印实际站名或号码。

③货物运单与货票记载不符，而货物运单记载情况与货物相符时，应记明不符的具体情况。

④施封的货车未在票据或封套上记明施封号码时，应记明现车施封状况。

⑤车辆技术状态不良时，应记明车种、车型、车号和车辆不良的具体情况，检修单位名称及

年月。

⑥发现货车两侧或一侧上部施封时,应记明下部门扣是否损坏。

⑦棚车车体及集装箱专用车、平车装运的集装箱箱体发生损坏时,应记明损坏位置、尺寸、新痕旧痕和箱号。

站车交接中发现的问题按规定拍发电报。其内容除包括普通记录反映的情况外,还应记明列车的车次及到达时间,货车的车种、车号,发现问题的简要处理情况。

货物损失报告由货运员或负责接取送达的物流企业相关人员在发现货物损失当日编制。货物损失报告应根据现场勘查情况,如实记载损失货物及有关方面的当时现状,填写字体要工整清晰,项目各栏填写齐全,并须编制人本人签字。

货物损失报告由货运值班员审核签字后,连同收集的施封锁、现场照片等相关资料,一并交货运安全员处理。

货运安全员接到货物损失报告后,要核实货物损失报告各栏填写是否齐全正确,相关资料是否齐全,必要时,要到现场核对损失货物。

货运记录由车站货运安全员编制。编制记录要如实记载货物损失及有关方面的当时现状,不得在记录中作损失责任的结论,记录各栏应逐项填记。货运记录应记明车(箱)体、门窗、施封或篷布的情况、货物包装及装载加固状态、损失货物装载位置、损失程度等。具体编制方法按本规则附件 2 办理。

编制记录须加盖货物损失处理专用章或单位公章,编制人员还须加盖带有所属单位名称的人名章,其他参加检查货物(车)的有关人员也应签字或盖章,同时注明其所属单位名称。记录有涂改时,在涂改处须加盖编制人员的人名章。

4. 货物损失调查处理

车站发现货物损失或办理差错,除按规定编制记录外,还应自发现之日起 3 日内以查复书形式,通过系统对货物损失的原因和责任进行调查,必要时可派人外出调查。但交接责任明确的货物损失,可不进行调查。

系统发生软、硬件故障,无法正常使用时,应由其主管直属站段负责处理。

1. 发站编制的记录

发站编制的货运记录,由发站负责处理。如确实无法联系托运人时,应将货运记录(货主页)随同运输票据送到站处理,同时以查复书告知到站。

2. 中途站编制的记录

中途站编制的货运记录(货主页)随同运输票据或货物送到站处理,同时以查复书告知发、到站。

(1)自站责任的货运记录(货主页)随同运输票据或货物送到站处理。

(2)他站责任的记录应自编制记录之日起 3 日内将相关材料送有关站调查,货运记录(货主页)随同运输票据或货物送到站处理。一批货物中部分货物发生损失时,应拴挂"损失货物标签"继运到站。发生损失的货物继运到站前应采取防护措施,避免扩大损失。

(3)发生火灾、货物变质、活动物死亡、气体类危险货物泄漏、剧毒品、爆炸品、放射性物品被盗丢失,货物损失能在发现站处理的,发现站应积极处理;不能在发现站处理的,货运记录(货主页)随同运输票据送到站处理,但发现站负责查明原因。

3. 到站编制的货运

到站编制的货运记录(货主页)应及时交给收货人。遇有发站或中途站编制的记录,卸车时应按照记录记载的情况,认真核对现货,情况相符时,不再编制记录,记录交收货人;情况不符时,应重新编制记录交收货人,原记录留存。

(1)自站责任的记录向发站调查承装情况。

(2)他站责任的记录及相关资料送有关站调查。

(3)货运记录送查后,件数不足的货物补送齐全,在向收货人补交时应收回货运记录(货主页),并及时通知有关站结案。

4. 资料录制及加载

调查所需资料文档应一次性使用数码相机、扫描仪等设备录制电子文档,在系统内加载,主要包括以下内容:

(1)货票存查联、站车交接电报、普通记录。

(2)货物发生被盗、丢失,货票未附物品清单时,车站检查的现有货物数量和包装特征的清单。

(3)分析责任所需的运输票据封套、装载清单、封印照片。

(4)其他有关资料(可按需要后附),车辆技术状态检查记录、货物损失鉴定书、货物损失现场照片等。

一辆货车内多批货物发生损失时,上述资料应分别录制并加载。

5. 货物损失调查

车站接到调查材料后,应核对记录、附件是否齐全、正确,接到的纸质速报和查询电报,应于当日在收件上加盖收文日期戳记,登记于"货物损失(记录、调查、赔偿)登记簿"内,并按以下规定办理:

(1)初次接到调查记录,如果核对所附材料不符合要求而影响调查时,应一次提出,自接到记录之日起 3 日内以查复书要求处理站补充材料。

(2)调查记录如果有误到情况,自接到之日起次日内以查复书告知处理站。

(3)属于自站责任的,自接到记录之日起 3 日内以查复书答复送查站,告知发、到站。

对已明确为自站责任,但还需要向有关单位索取补充材料,了解货物损失、下落或到达交付情况时,应以查复书要求处理站补充。

(4)属于他站责任的,以查复书说明理由和根据,自收到货运记录之日起 3 日内答复处理站。并抄送发、到站和有关单位。一级损失的,应抄报主管铁路局。

(5)因情况复杂,责任站不能在规定期限内调查答复(包括要求暂缓赔偿的),需要延期时,应提前提出理由,告知发、到站(铁路局)。但此项延期自收到记录之日起,最多不得超过 30 日。

发现货物一级损失,发现铁路局应立即深入现场组织处理。涉及他局责任时,自拍发货物损失速报之日起 10 日内邀请有关铁路局参加处理,召开分析会,作出会议纪要。

有关铁路局接到货物损失速报后,应组织调查,并按发现铁路局通知的开会日期参加分析会,签署会议纪要。铁路局间对损失责任划分意见一致时,由发现铁路局将会议纪要连同有关调查材料送到达铁路局;铁路局间对损失责任划分意见有分歧时,应在会议纪要内阐明各自意见。

有关铁路局拒不参加分析会或中途擅离会议,不签署会议纪要的,对分析会确定的责任不得提出异议。

涉及托运人、收货人责任和铁路局以外其他部门(包括社会物流企业)责任时,由到站(铁路局)处理,有关站(铁路局)积极配合。

知识点二　货物损失处理程序

(一)货物损失报告与勘查

1.货物损失报告

车站发现货物损失后,发现人员应保护现场,立即向车站负责人和货运安全员报告。接到报告后,车站负责人应组织有关货运人员立即赶赴现场进行货物损失勘查、清理、资料收集并编制货物损失报告(用不带号码的货运记录代替,下同)。必要时通知托运人或收货人。

物流企业(包括铁路物流企业或铁路运输企业委托的社会物流企业,下同)在接取送达过程中发现货物损失时,应由物流企业相关人员对发生损失货物情况拍照留存,并编制货物损失报告交车站。

2.货物损失勘查

货物损失按下列情况重点勘查:

(1)火灾。货车火灾:查明火灾列车车次、到达时间、编挂位置;查看车内货物装载现状、起火部位、四周货物烧损情况;检查车辆状态、货物装载高度;了解机车类型及状态。

货场火灾:损失货物所处位置;着火点货位及周边自然现状;货物入库(区)时间和货物交接检查情况;仓库电线、灯具情况;装卸作业机具防火情况;人员出入情况。

(2)被盗。车、集装箱(以下简称箱)内货物被盗:查明列车车次、到达时间、编挂位置;查看车(箱)体状态、施封状态、货物装载现状。

货场内货物被盗:查明货物入库(区)时间、作业班组、作业货运员及在库区的交接情况。

(3)丢失。车(箱)内货物丢失:查明列车车次、到达时间、开始作业和卸车完了时间,检查车辆、施封状态、货物装载现状。

货场内货物丢失:查明货物入库(区)、卸车时间、卸车班组、货运员、库区货运员的交接情况、货物码放位置及相邻货物进出库情况等。

(4)损坏。查明破损货物的损坏程度、部位、数量、包装、衬垫、破口尺寸、堆码以及车(箱)状态、篷布状态等现状。

查明变质货物位置及损失程度、数量;机械冷藏车乘务员出具的普通记录和机械冷藏车作业单;运单上货物的容许运输期限、记事栏相关内容及标记,货物包装堆码方式。

查明污染货物损失程度、数量,车内污染物(源)名称、位置、面积、包装情况,污染物(源)与被污染货物距离,被污染货物的数量和程度。

(5)上述情形以外的其他货物损失视具体情况进行勘查。

发现货物被盗、火灾等情况,发现单位(人)应立即向公安、消防部门报案。货物损失涉及铁路交通事故的,应通知铁路局列车调度、安全监督管理部门;涉及车辆技术状态的,应通知车辆部门;涉及活动物或食品污染变质的,应通知防疫、检疫部门;涉及参加保险的货物,必要时应通知保险公司;涉及海关监管的货物,应通知海关监管部门;涉及环境污染的货物,应通知环保部门;必要时还应通知托运人(收货人)。

（二）货物损失速报

发现火灾，罐车装运的压缩气体、液化气体泄漏，剧毒品、放射性物品被盗丢失以及估计损失款额达到一级损失等情况时，应在 1 小时内逐级报告，并在 24 小时内向有关车站、直属站段、铁路局以电报形式拍发"货物损失速报"，抄送总公司运输局。

货物损失速报内容如下：

(1)损失等级、种类。

(2)发现损失的时间、地点。

(3)发站、到站、品名、承运日期。

(4)车种、车型、车号、货票号码、办理种别、保价或保险金额(金额前注明"保价"或"保险"字样)。

(5)损失概要。

(6)对有关单位的要求。

拍发速报时，在电文首部冠以"货物损失速报"字样，(1)至(6)项为各项代号。速报由车站主管领导审核签发。

表 3.6 铁路传真电报

签发：		核稿：		拟稿人：		电话：	
发报所名	电报号码	等级	受理日	时分	收到日	时分	执机员

主送：A 站、××车务段、××铁路局

抄送：铁道部运输局、××铁路局

货物损失速报

(1)一级损失、丢失；

(2)××年××月××日,B 站；

(3)A 站,B 站,发电机组,××年××月××日；

(4)P_{60} 3100124,78335,整车,保价 25 万元；

(5)卸车发现上记有票无货,详见 B 站××号货运记录；

(6)望 A 站提出处理意见,复有关。

B 站第××号电
××年××月××日

（三）货物损失鉴定

货物发生损失需要鉴定时，按《货规》规定办理。交付前车站应会同收货人(托运人)或物流企业进行检查确认，必要时邀请有鉴定能力的第三方进行鉴定。损失鉴定应在发现站现场就地进行，现场难以鉴定时，经与收货人(托运人)协商同意后，可以移至适当的场地进行鉴定。

损失货物鉴定时，应按批编制"货物损失鉴定书"，货物损失鉴定书应加盖处理站货物损失处理专用章或单位公章，参加人员应签字或盖章，第三方参加鉴定的，还需加盖鉴定单位的印章或附出具的货物损失鉴定报告。

车站组织货物损失鉴定时应由货运负责人、货物损失处理人员等两人以上参加鉴定。

鉴定一般应自编制货运记录之日起 10 日内完成，以"货物损失查复书"(以下简称查复书,)送有关单位。情况特殊需要延期时，应以查复书或电报说明原因通知有关单位，但最长不

得超过 30 日。

鉴定所支出的费用(包括整理、化验等费用),应在货物损失鉴定书中记明。属于收货人(托运人)责任的,由收货人(托运人)支付;属于承运人责任的,由责任单位承担。

(四)货物损失责任划分

划分货物损失责任应以事实为根据、规章为准绳。在查明货物损失情况和原因的基础上,首先应按国家法律、行政法规及铁路企业的有关规定划清承运人与托运人、收货人之间的责任。

划分铁路内部各单位及物流企业责任时,按照上述原则和下列各项规定确定,并根据不同情况,参照有关规章妥善处理。

铁路内部货物损失责任划分办法

一、火灾

(一)火灾责任以公安消防部门认定的起火原因为依据,铁路局间对火灾责任意见不一致时,二级、三级、轻微损失由处理铁路局按照公安消防部门的认定定责;一级损失相关铁路局对责任认定不一致时,由发生铁路局报总公司裁定。

(二)因未按规定安装防火板或安装不符合规定,闸瓦火花烧坏车底板而造成的,列最近定检施修该车的车辆段所属铁路局或车辆厂属地铁路局责任。

列车未按规定隔离造成的,列列车编组站责任;中途摘挂后隔离不符造成的,列中途摘挂站责任。

(三)有公安机关证明系扒车人员引起的火灾,列该扒乘人员最初扒乘该次列车的扒乘站(铁路局)责任。既有扒乘原因又有使用车辆不当情况时,扒乘站负主要责任,使用车辆不当负次要责任。

(四)遇铁路局间分界站接入列车时发现火灾,在进站 30 分钟之内用调度电话通知交出铁路局调度所,并取得该列车机车乘务组证明,查不清原因的,列交出铁路局责任;未在规定时间内通知并取得证明的,列接入铁路局责任。

(五)违反车辆使用限制,列发站责任(防火板原因造成火灾的除外);车辆代用的能查明火灾原因的,列责任站责任,查不清起火原因时,列发生站(区间发生的列发生铁路局)责任,赔款由发站(有铁路局代用命令的由发送铁路局)和发生站(铁路局)分摊。

(六)罐车装运的危险货物,因车辆技术状态不良发生火灾,列最近定检施修该车的车辆段所属铁路局或车辆厂属地铁路局责任;阀(盖)关闭不严的,列装车站责任。

(七)棚车车体完整、门窗关闭、施封良好,查不清原因时,列前一装卸站责任;货车发生补封查不清原因时,列补封站责任,如属委托补封的或以上一责任货运检查站责任补封的,列委托单位或上一责任货运检查站责任补封;装车站未施封,查不清原因时,列装车站责任,赔款由装车站和发生站(区间发生的为发生铁路局)分摊。

集装箱箱体完整,施封良好,查不清原因时,列发站责任。

(八)易燃、自燃货物因包装质量、自然属性或装载方法,非易燃货物以易燃材料包装、衬垫,敞车装运未苫盖篷布,或以其他物品苫盖造成的,列装车站责任。

(九)除上述各款外,又查不明铁路内各部门间原因时,列发生铁路局责任。

二、被盗丢失

（一）棚车（含毒品车）、冷藏车装运的货物。

1.门窗关闭施封有效，列装车站责任；未使用规定的施封锁或未在车门下部施封，有记录或站车交接电报证明的，列封印站责任，赔款由封印站和上一责任货运检查站分摊；无记录或站车交接电报证明的，列封印站责任，赔款由封印站和到站分摊。

2.封印失效、丢失、断开，不破坏封印即能开启车门，均按站车交接规定列责。

3.货车发生补封，列上一责任货运检查站责任，未按规定拍发电报，列补封站责任；连续补封，列第一责任站责任，赔款共同分摊；自站责任补封的，列补封站责任；如属委托补封的，列委托单位责任。

货车在途中发生补封，补封单位拍发的站车交接电报漏抄送发、到站的，列上一责任货运检查站责任，赔款由责任单位和补封单位分摊。

4.卸车站发现货车封印的站名相符但号码与运输票据或封套记载不符时，列装车站责任。

5.施封的货车，已有途中站车交接电报或普通记录，且现状与途中交接电报或普通记录记载内容相符，卸车站可以不再拍发电报。如内容不相符，又未拍发站车交接电报的，列卸车站责任。

6.车窗开启或使用不完整车辆（包括车体端侧墙有破洞，车窗、烟囱口不完整）以及不施封造成的，列装车站责任。

（二）敞车装运的货物。

1.铁路货车篷布丢失造成货物损失，按站车交接规定列责。

2.托运人自备篷布丢失及造成货物损失的，列发站责任，赔款由沿途各铁路局分摊。

（三）集装箱装运的货物。

1.卸车发现集装箱封印失效、丢失，站名无法辨认以及封印站名、号码不符或箱体破损，列装车站责任。施封有效，站名相符，号码不符，列发站责任。

2.使用平车和集装箱专用平车装运的集装箱箱体损坏，按站车交接列责；有交方普通记录证明的，列交方责任；没有交方普通记录证明的，列接方责任；多次损坏、多次证明的，列第一责任站责任，赔款共同分摊。

3.集装箱装载不符合规定，造成封印失效、丢失，列装车站责任。

（四）到站发现罐车破封，查不明原因的，列发送铁路局责任，赔款由沿途各铁路局分摊。

（五）有公安机关证明，系扒乘人员造成货物被盗、丢失，列该扒乘人员最初扒乘该次列车的扒乘站（铁路局）责任。

（六）路用罐车技术状态不良造成货物泄漏时，列最近定检施修该车的车辆段所属铁路局或车辆厂属地铁路局责任。

（七）因调车冲撞造成罐车货物泄漏时，列调车作业站责任；查不清调车冲撞站的，列发生站（铁路局）责任。

（八）车门缝处货物被盗割的，列发送铁路局责任，赔款由沿途各铁路局分摊。

（九）集装货物卸车发现整体灭失以及散落其中小件丢失，列装车站责任；但因包装和捆绑不良造成的，列装车站责任，赔款由装车站和发站分摊。

（十）货物发生被盗、丢失，定责前公安机关破案，则按破案结论定责。

（十一）不属《管规》站车交接检查内容，但通过货运计量安全检测监控设备（简称监控设备）或其他方式检查发现敞车篷布顶部被割或棚车（集装箱）顶部被破坏等问题的，按下列规定

划责:

1. 途中有监控设备的货运检查站、无监控设备的途中站或到站货运检查时发现的,按规定处理并拍发电报的,如上一货运检查站有监控设备,列上一有监控设备的货运检查站责任,赔款由责任货运检查站和发站分摊;如前方途经站无监控设备,列发站责任,赔款由发现铁路局前方沿途各铁路局分摊。

2. 检查发现但未处理的,列发现站责任,赔款由发现站、发站和上一有监控设备的货运检查站分摊。

3. 中途站换装整理时发现的,如上一货运检查站有监控设备,列上一有监控设备的货运检查站责任,赔款由责任货运检查站和发站分摊;如前方途经站无监控设备,列发站责任,赔款由沿途各铁路局分摊;换装后发生的,列换装站责任,赔款按(十一)1、2规定分摊。

4. 车体完整、棚车施封良好、装载状态发生异状或敞车装载状态、篷布苫盖无异状,能通过监控设备判明发生站的,列发生站责任;能通过监控设备判明发生区段的,列发生铁路局责任;无法通过监控设备判明的,列发站责任,赔款由发现铁路局前方沿途各铁路局分摊。

三、损坏

(一)因货物无包装或包装有缺陷发生损坏,列发站责任。

货物发生损坏,经到站鉴定不属于包装质量和货物性质原因时,列装车站责任。

(二)整车易碎货物(包括以缸、坛、陶瓷、玻璃为容器的货物)发生损坏,除能查明责任者外,列发站责任;有明显冲撞痕迹,查不清责任者时,列到达铁路局责任,赔款由沿途各铁路局分摊。

集装箱装运的易碎货物发生损坏,又查不明铁路内各单位间原因时,列到达铁路局责任,赔款由沿途各铁路局分摊。

(三)棚车漏雨造成货物湿损,货运检查能够发现的,列装车站责任;不能发现的列最近定检施修该车的车辆段所属铁路局或车辆厂属地铁路局责任。

敞车货物湿损列装车站责任。因铁路货车篷布丢失造成货物湿损,按站车交接规定列责。托运人自备篷布丢失、损坏及造成货物湿损,比照本办法二、(二)处理。

篷布顶部被割造成货物湿损,比照本办法二、(十一)处理。

因篷布质量不良造成货物湿损,列装车站责任。

集装箱箱体状态不良,货物发生湿损,列发站责任。

(四)货物装载加固违反规定,或使用不符合要求的捆绑加固材料和装置,造成货物损坏,列装车站责任。

分卸的货物倒塌造成货物损坏,列前一卸车站责任,赔款由装车站和前一卸车站分摊。

(五)货车(集装箱)清扫不彻底造成的货物污染,列装车(箱)站责任。

(六)使用未洗刷除污的车辆造成的货物污染,上一卸车站未回送洗刷除污时,列上一卸车站责任;回送洗刷除污的车辆被排走而漏洗刷除污时,列误排站责任;洗刷除污不彻底,列洗刷除污站责任。

(七)对污染源和被污染货物处理不当,造成损失扩大时,由处理站承担损失扩大部分赔款。

(八)货物染毒涉及车辆原装货物,又未保留原车和货物时,经鉴定能查明原因的,列责任站责任;查不清原因的,列未保留站责任。

（九）违反《铁路危险货物配放表》《铁路车辆编组隔离表》的限制以及车辆使用规定造成污染的，列违反站责任。

（十）违反车辆使用限制，或货物质量、温度、包装、装载方法不符合《铁路鲜活货物运输规则》（简称《鲜规》）要求，造成货物变质的，列发站责任。

（十一）机械冷藏车违反易腐货物控温规定，造成货物变质，列发送铁路局责任。

（十二）发、到站装卸车作业时间超过《鲜规》要求，列发站或到站责任。

（十三）货物运到逾期造成货物变质的，列积压站责任；连续积压，列积压时间最长的车站责任，赔款由连续积压站按积压天数比例分摊。

四、其他

（一）伪编货运记录，列编制站责任。同一车内多批货物发生损失，编制两份以上货运记录，经查明其中一份属于伪编，则其余各份货运记录所涉及的货物损失列编制站责任。

误编、迟编以及迟送查货运记录，列责任单位责任，赔款由责任单位与记录编制站分摊。

收到调查记录（包括查询文电）超过规定答复期限未答复的，列迟延答复站责任。

（二）因涂改运输票据造成的货物损失或办理差错，列涂改站责任；无法辨认涂改站时，列接方责任。因票据封套上封印号码填记简化，影响原因和责任分析时，列责任站责任，赔款由责任站和简化填记的车站分摊。

卸车发现运单、货票上记载的件数、重量、货物价格发生涂改，未按规定加盖戳记，实卸货物与涂改后的记载相符，而与领货凭证不符时，除查明原因外，列发站责任；到站卸车未按章编制记录时，列到站责任。

（三）途中票据丢失后发生的货物损失或办理差错，除查明原因外，列丢票站责任。

（四）由于发站未检斤或检斤不准确，发生被盗丢失后重量相符或多出时，列责任站责任，赔款由责任站和发站分摊。

（五）对误到的货物未按规定编制记录和处理，发生损失的，列卸车站责任。

（六）铁路内部交接不认真，接收后发现的货物损失或办理差错，除能查明责任者外，列接方责任。

（七）因处理不认真，未采取积极措施，换装、整理不当，以致货物损失扩大时，由处理不当或换装、整理不当车站承担损失扩大部分赔款。

（八）到站对运到逾期货物不按章编制记录（或拍发电报）查询，列责任站责任，赔款由责任站（或货物积压站）和到站分摊。

发站、中途站对运到逾期货物接到查询记录、电报，未在 2 日内（自接到查询的次日起）答复的，货物发生损失，列责任站（或货物积压站）责任，赔款由责任站（或货物积压站）和延迟答复站分摊。

（九）发生一级损失，处理铁路局未能在规定期限内处理完毕，或未按本规则规定向铁路总公司提出裁定申请的，列处理铁路局责任。二级、三级损失，到站未在规定期限内定责处理或提出裁定申请的，列到站责任。轻微损失到站未在规定期限内定责处理，列到站责任。

（十）因铁路行车原因造成货物损失的，按安全监察部门确定的责任单位列责。

（十一）投保运输险的货物发生损失，因代办保险的车站未在货物运单、货票记事栏内加盖"已投保运输险"戳记，超过保险索赔期限如由铁路负责时，列责任单位责任，赔款由责任单位和代办保险的车站分摊。

(十二)货物发生损失,依照规定赔偿,托运人(或收货人)有异议,法院判决按照实际损失赔偿时,超出赔偿限额或保价比例的,列责任单位责任,其差额损失赔款由责任单位和发站分摊。

(十三)铁路局调整卸车站后,卸车发现的货物损失或办理差错,能查明责任的,列责任站责任,赔款由责任站和调整卸车铁路局分摊;查不明责任的,列调整卸车铁路局责任。

违反规定办理货物(车)变更,货物发生损失,列变更受理站责任。

(十四)误运到站,回送过程中发生货物损失,属于回送站责任时,赔款由回送站和误运站分摊。

(十五)领货凭证上未记明本批货物的货票号码,或未在货物运单和领货凭证平行处加盖骑缝戳记,货物发生冒领或误交付时,列到站责任,赔款由到站和发站分摊。

(十六)列车编组顺序表上对施封的货车未记明"F"字样,货车一侧无封,发生被盗、丢失,列上一货运检查站责任,赔款由上一货运检查站和该列车的编组站分摊;货车两侧无封,列该列车的编组站责任。

(十七)货物品名过多或同一品名规格、价值不同以及同一包装内有两种以上的货物按一批托运时,未按规定填写货物运单(货票)、物品清单或填写简单笼统,造成到站难以确定损失时,列责任站责任,赔款由责任站和发站分摊。

(十八)货车已施封,但未在运输票据或封套上注明"F"字样及施封号码,货物发生被盗、丢失时,查明原因的,由装车站和责任单位共同负责;查不明原因的,由装车站负责。

(十九)货车滞留,滞留站未按规定拍发电报,货物发生变质或损失,列责任单位责任,赔款由责任单位和滞留站分摊。

(二十)记录编制站拆下的封印,在规定保管期限内,责任站调查发现该封印丢失或与记录不符,列记录编制站责任。

(二十一)集装运输的货物(如集装袋、网,托盘,成捆钢材,有色金属),卸车时发现捆绑松散,而未对损失货物清点(或未检斤)并编记录注明的,列卸车站责任。

(二十二)由承运人负责接取送达时,在接取时发生的货物损失,列发站责任;在送达时发生的货物损失,列到站责任。委托其他物流企业接取送达时,按委托协议清算赔款。

(二十三)仓储货物发生损失,列仓储站责任。

(二十四)未涉及上述情况的责任划分条款,由到站提出定责意见,报主管铁路局审定。

【例3.4】 对例3.3案例划责。

到站编制货运记录赔款1 800元。依上述二、2、(3)之规定:篷布顶部被割或破口发生被盗、丢失,破案前由发、到站共同负责。发到站A、B站各分摊900元。

(五)货物损失定责

1.货物损失调查定责工作由到站(中途终止运输的,为货物终止运输站)、到达铁路局负责,但发站承运后装车前、货物承运前在车站仓储或货物仅在车站仓储的,定责工作由发站或仓储办理站负责。发生货物损失后,记录编制站应初步判定是否为承运人责任,难以判定的应由到站进一步调查确定。涉及物流外包业务的,定责意见须经签约铁路局确认。

2.对货物损失定责意见有争议,经一次往返查复不能取得一致时,按下列规定办理:

(1)轻微损失责任由到站裁定。

(2)三级损失责任,到站应将定责意见上报主管铁路局,由到达铁路局裁定。

（3）二级损失责任，到站应将定责意见上报主管铁路局，由到达铁路局与相关铁路局协商，到达铁路局裁定。

（4）一级损失责任，到达铁路局应将定责意见连同会议纪要等材料上报总公司裁定。

二级、三级损失责任，到达铁路局的裁定为最终裁定；轻微损失责任，到站的裁定为最终裁定。

铁路内部责任确定后，由定责单位填写查复书并下达"货物损失定责通知书"、"定责通知书"，送主管铁路局、责任铁路局、责任单位和发、到站及有关单位。查复书的内容应包含定责意见及定责依据。

凡按规定权限定责的货物损失，责任站（铁路局）必须尊重定责意见。

对承运人责任明确的货物损失处理要坚持快速调查、快速定责。自货物损失发现之日起，对轻微、三级损失处理期限最长不得超过 10 日；对二级、一级损失处理期限最长不得超过 30 日。

托运人或收货人在法定有效期间内提出赔偿要求的，以办理完毕赔偿手续并下达定责通知书时间为结案时间；超过法定有效期限，托运人或收货人未提出赔偿要求的，自然结案；由上级或到达铁路局裁定的，以接到裁定批复时间为结案时间；经调查确认非承运人责任的，以调查确认时间为结案时间。结案后，调查单位应将结案情况告知相关单位。

责任单位收到定责通知书后，应于 10 日内确定责任部门，超过 30 日仍不能确定责任部门的，列货运部门责任（系统默认）。定责单位超过规定时间不调查、不定责的，列本单位货运部门责任（系统默认）。

总公司每年不定期召开货运安全例会，处理有争议的或典型的货物损失案例。

（六）货物损失赔偿

1. 赔偿责任与免责

承运人从承运货物时起（办理承运前保管的车站，从接收货物时起），至将货物交付收货人或依照规定移交给其他机关企业时止，对货物发生灭失、损坏负赔偿责任。

由于下列原因之一所造成的灭失、损坏不承担赔偿责任：

（1）不可抗力；

（2）货物本身的自然属性或者合理损耗；

（3）托运人及其押运人的过错。

由于托运人、收货人的责任或押运人的过错使铁路运输工具、设备或第三者的货物造成损失时，托运人或收货人应负赔偿责任。

2. 赔偿要求的受理

车站对收货人或托运人的赔偿要求，按《货规》规定受理。但在运输途中发生的火灾、货物变质、活动物死亡等情况就地处理时，经与托运人、收货人协商同意，可由发现站受理，并通知发、到站。

对承运人责任明确的货物损失，收货人或托运人向到站或发站提出赔偿要求时，到站或发站均应受理。涉及物流外包业务的，由签约单位按合同约定指定车站受理。委托他人办理时，应由收货人或托运人出具委托书，委托人和被委托人的身份证明复印件和联系方式。

受理赔偿要求时，应审核赔偿要求人的权利、有效期限、"赔偿要求书"内容，以及规定的证明文件（货物运单原件或快运货票戊联、货运记录（货主页）原件以及与货物损失有关的其他资料)。审核无误后,在"赔偿要求书收据"上加盖货物损失处理专用章或车站公章,交给赔偿要求人。

通过铁路货运电子商务系统网上受理客户提出的赔偿要求时,经受理站审核后,需将受理情况以"客户通知书"通过铁路货运电子商务系统告知客户。

赔偿款额按照《中华人民共和国铁路法》《货规》和铁路货物保价运输的有关规定计算。赔偿额尾数不足 1 元时,按进整处理。

对非承运人责任的保价货物损失,收货人或托运人向到站或发站提出补偿要求时,比照赔偿程序受理。

3.赔偿的审核

轻微损失的赔偿由受理站审核办理。赔偿要求人要求以现金支付赔款的,由车站按财务规定当日完成现金赔付;赔偿要求人要求通过银行转账的,由受理站在下达"货物损失赔(补)偿通知书"(以下简称赔通)当日将赔偿材料报主管直属站段,由直属站段转账。轻微损失赔款备用金由车站主管直属站段财务部门按照备用金管理制度办理和监督。

三级损失的赔偿由受理站在受理当日,以查复书写明调查过程、损失款额、赔偿金额等上报主管直属站段,抄送发、到站及相关站,由主管直属站段审核办理。

二级、一级损失的赔偿及保价货物损失补偿,由受理站在受理当日,以查复书写明调查过程、损失款额、赔(补)偿金额等上报主管铁路局,抄送发、到站及相关站,由主管铁路局审核办理。

涉及物流外包业务的(包括客户以铁路方保证金冲抵违约金或向保函开立银行索赔违约金的),由签约单位按合同约定指定车站办理赔偿;不属车站办理权限的,由车站在受理当日,以查复书写明调查过程、损失款额、赔(补)偿金额等上报主管直属站段或铁路局,抄送发、到站及相关站,由主管直属站段或铁路局按合同约定审核办理。

办理赔(补)偿单位应填发赔通,并加盖货物损失处理专用章或单位公章。赔通分为正本、副本,正本为领、付款凭证(由银行转账时,交本单位财务部门;领取现金时,交赔偿要求人领款用),副本为赔款通知(本单位财务部门清算用;银行转账时,交赔偿要求人;发站;到站)。通过铁路货运电子商务系统网上办理赔偿的,应将赔通加载至铁路货运电子商务系统上告知客户。

4.办理赔偿的期限和清算

办理赔偿的期限,自受理赔偿要求的次日起至填发赔通之日止为 2 个工作日。特殊情况下办理赔偿的最长期限:直属站段不超过 5 个工作日,铁路局不超过 10 个工作日。

赔通下达后应及时送财务部门,财务部门接到赔通后,应在 5 个工作日内支付赔款。保价运输货物的损失赔款由保价成本承担,非保价运输货物的损失赔款由运营成本承担。涉及物流外包业务的(包括客户以铁路方保证金冲抵违约金或向保函开立银行索赔违约金的),由签约单位按规定支付或冲减违约金。

一批赔款额或铁路局间分摊后的款额不足 500 元时,互不清算,由处理单位列销。

500 元以上的跨局货物损失赔款,由处理铁路局汇总,以财务通知书附赔通和定责通知书,按月向责任铁路局清算一次,但处理铁路局超过 3 个月未向责任铁路局清算的,责任铁路局可不予清算。责任铁路局接到处理铁路局清算的财务通知书后,按月向处理铁路局支付垫赔款。责任铁路局不得退回赔通。

涉及物流外包业务的,支付违约金(包括以保证金冲抵违约金、向保函开立银行索赔违约金)的签约铁路局,每季度次月 10 日前与责任铁路局办理资金结算。

车站上报直属站段、铁路局的赔偿资料,经审核确定不属于铁路责任时,直属站段、铁路局应说明理由与根据,告知受理站,受理站以盖有货物损失处理专用章或单位公章的函件答复赔偿要求人,同时将全部赔偿材料(赔偿要求书除外)复印留存后退还赔偿要求人,并告知有关单位。

赔偿要求人向法院提起的诉讼案,按照总公司及所属企业法律纠纷案件处理的有关规定执行。法院调解或判决承运人责任生效后,由被告单位先行垫付铁路承担的款额。涉及被告单位以外铁路其他单位责任时,应根据法院的调解或判决和本规则有关规定确定责任。

在赔偿后又找到货物的,由货物所在站按无标记货物处理,维持原来定责不变。

5.被盗丢失货物损失赔偿后,公安机关破案证明属其他单位责任时,按下列规定处理:

(1)赔款额不满一级损失的,维持原来定责不变。

(2)赔款额在一级损失以上的,原责任单位将原调查材料、原赔通和公安机关破案证明一并报主管铁路局审核后,自原货运记录编制之日起 180 日内,向新的责任铁路局填发赔通和定责通知书,转送上述材料。新的责任铁路局应及时转账,落实责任。超过上述期限的,仍维持原来定责不变,新的责任铁路局不予受理。

知识点三　货物损失的统计与资料保管

(一)货物损失的统计

1.统计原则

车站、直属站段、铁路局对于货物损失的责任(无论是否发生赔款),均须逐件统计。

2.统计时间

货物损失按结案日期统计上报。上级裁定的事故,按接到裁定批复的当月统计。

3.统计方法

(1)事故统计以一批作为一件。但由于自然灾害、火灾、行车原因,在同一车站(区间)、同一列车内、同一时间发生的多批事故应按一件统计,其事故等级按损失款额总和确定。

一件事故由几个责任单位共同承担时,事故件数由主要责任单位统计;无主要责任单位的,除另有规定者外,按造成货物损失的车站顺序,由第一个责任单位统计。

因托运人、收货人责任或押运人过错使铁路运输工具、设备或第三者的货物造成损失时,分别由发站、到站统计货物损失件数,责任部门列"其他路外""。

货物在接取时发生的责任货物损失,由发站统计;货物在送达时发生的责任货物损失,由到站统计;责任部门列"接送""。货物承运前和交付后仍在车站仓储或货物仅在车站仓储时发生的责任货物损失,由提供仓储服务的车站统计,责任部门列"货运""。

(2)货物发生损失的非过失责任

货物发生的损失,凡属下列情形之一者,属非过失责任:

①货物在运输过程中被哄抢。

②在车站范围之外发生的货物被盗、丢失、损坏。

③非承运人过失引起的货场或列车火灾、爆炸、染毒。

④非承运人过失造成的货物湿损。

⑤由于铁路行车原因造成的货物损失。

⑥因自然灾害,易腐货物超过容许运输期限到达而造成的腐坏。

⑦托运人派人押运的货物,既不是押运人责任又非承运人过失发生的火灾、染毒,导致货物损失。

⑧到站由收货人组织卸车的货物在货车交接时,集装箱门到门运输的货物在卸车时,发现封印失效、丢失,造成货物丢失或损坏。

⑨托运人以自备篷布苫盖货物,在运输途中自备篷布丢失、损坏及造成货物损失时。

⑩其他非承运人过失造成的但属于承运人负责赔偿的货物损失。

虽属上述情况但查明系承运人的直接过失造成的货物损失,属过失责任。

车站、直属站段、铁路局应按季度、年度对货运安全情况进行总结分析并逐级上报。

对过失责任货物损失要严格按照"损失原因不查清不放过、损失责任者得不到处理不放过、整改措施不落实不放过、教训不吸取不放过""的原则,认真组织分析,二级、三级、轻微损失的,自接到记录之日起(自站发现的自发现之日起)10日内,由车站主管站长主持召开分析会确定责任部门,以"货物损失报告表""(见附件1—5)报告主管直属站段、铁路局;一级损失的,自责任明确之日起10日内,由责任铁路局主持召开管内货物损失责任分析会,并将结果报总公司运输局。

(二)货物损失的资料保存

货物损失调查和赔偿材料分别由定责单位、责任单位和办理赔偿单位完整打印并加盖货物损失处理专用章或单位公章后保存,自结案的次年1月1日起,保管3年。

车站对施封锁应建立使用去向登记制度。无论是否编有记录的施封锁,卸车站均自卸车之日起保管180日后方可销毁。

【例3.5】 对【例3.3】案例统计

由发站A负责统计货物损失件数。

3.3.5 知识拓展——无法交付货物和无标记货物的处理

无法交付货物和无标记货物简称两无货物。

(1)无法交付货物

下列货物为无法交付货物:

1)从承运人发出领货通知次日起(不能实行领货通知的,从卸车完了的次日起),经过查找,满30日(搬家货物满60日)仍无人领取的货物。

2)收货人拒领,托运人又未按规定期限提出处理意见的货物。

(2)无标记货物

下列货物为无标记货物:

1)清仓(库、区)、清扫车底检查发现的无标记货物。

2)在铁路沿线拣拾以及公安部门交给车站的无标记货物。

3)赔偿后又找回但收货人拒领的货物。

4)车站内散落的零件、货底以及其他无票、无标记的货物。

5)损失赔偿后有价值的残存物品。

车站发现两无货物后,应于当日编制货运记录,核对现货、登记立卷,妥善保管。

凡能判明发、到站的无标记货物,应挂挂"损失货物标签",凭货运记录向发站或到站回送,并填记于货车装载清单内;对不能判明发、到站或托运人、收货人的无标记货物,应在车站货运负责人、货运安全员等不少于 3 人的情况下开装检查,寻找能正确交付的线索。同时,编制物品清单,注明品名、包装特征、重量、发现日期和卸下车次等有关事项,自编制货运记录之日起 3 日内填写"无标记(无法交付)货物处理书"上报主管铁路局,并在系统内详细记载货物的件数、具体品名、包装及特征、内品数量、规格、尺寸、颜色、生产厂家及每件重量,同时应加载货物照片,以便各单位查找核对,尽可能将货物交于收货人或托运人,减少损失。

车站不得将无标记货物交给个人取送或带送,不得自行用无标记货物顶替抵补自站责任的丢失货物。

发、到站收到他站回送的两无货物后,应核对现货、登记立卷,对照本站自编和他站的调查货运记录。能判明收货人或托运人的,应联系收货人或托运人处理;不能判明的,应填制"无标记(无法交付)货物处理书"上报主管铁路局。

无标记货物交付收货人或托运人时,如原批编有货运记录的,应在交付时收回货运记录结案。

各直属站段应成立两无货物管理小组,指定专人负责管理,建立健全工作制度和岗位职责,做好两无货物的管理工作。车站应为两无货物的存放提供条件,对两无货物实行分区管理,隔离设置,编号单独存放,严格按照仓库安全管理要求,做好仓库设防工作,保证货物包装完整,做到账物相符,按照规定期限妥善保管。两无货物不得提前处理、不得隐瞒不报或私自处理,不得顶件运输、顶件交付。

两无货物在保管期间发生损失时,参照《货损规则》有关规定办理。车站应及时上报无标记货物,认真核对和查询答复,给外站调查人员提供工作方便。

车站将"无标记(无法交付)货物处理书"上报铁路局后,又查找到货物的到站及收货人时,立即先用电话声明注销该项报告,然后按规定手续向到站回送。

铁路局自收到车站上报的"无标记(无法交付)货物处理书"后,满 60 日查找不到托运人或收货人时,应及时指定车站变卖。但军用品、危险品、国家禁止及限制运输的物品、机要文件和各种证件不得变卖,应移交公安机关或有关部门处理。

变卖款扣除有关搬运、保管、劳务、税费、变卖手续费等费用后,由变卖车站按规定上缴铁路局。

3.3.6　相关规范、规程与标准

《铁路货物运输规程》《铁路货物损失处理规则》。

项目小结

通过本项目的学习,掌握包装货物的码放、装车、施封、苫盖篷布等运输组织工作,在货物发生货损、货差等货物损失时,能依据《货损规则》等规章相关规定,正确及时处理货物损失。重点掌握记录的编制及调查、货物损失的处理程序、货物损失责任划分和货物损失赔偿的有关规定,本着对托运人和收货人负责的原则,对于承运人责任明确的货物损失,须先对外赔付,后划分铁路内部责任,尽量减少其损失,挽回货物损失产生的不良影响,做到主动、及时、真实、合理。

复习思考题

1. 思考重质货物与轻质货物的本质区别,并阐明轻重配装为货车满载工作作出的贡献。

2. 哪些情况下需要对货车施封,施封工作的主要目的是什么?

3. 思考当袋装小麦粉案例的装运车辆由棚车变更为敞车时,货物运输会发生哪些方面的变化?列举其中最主要的两项变化,并简单阐述这些变化给运输组织工作带来哪些新问题。

4. 什么叫货物损失? 货物损失分哪几类? 货物损失等级如何划分?

5. 记录分哪几种? 各有何作用?

6. 什么情况下编制货运记录?

7. 什么情况下编制普通记录?

8. 资料录制及加载的主要内容包括哪些?

9. 铁路货物运输中发生货损货差,在什么情况下承运人不负责赔偿?

10. 1 月 8 日,天津南站发沈阳东站整车燕京啤酒一车,车号 $P_{62N}3145666$,于 41303 次挂运至沈阳东站,20:40 调到货位开始卸车,22:40 卸完。卸前检查施封 2 枚 F10375/10376 有效,卸见 10 件纸箱包装破损有湿痕。请回答:编制记录时应重点记录哪些内容? 如何编制货运记录?

参 考 文 献

[1] 戴实. 铁路货运组织. 北京:中国铁道出版社,2010.

[2] 中华人民共和国铁道部. 铁路货物运输规程. 北京:中国铁道出版社,2009.

[3] 中华人民共和国铁道部. 铁路货物运输管理规则. 北京:中国铁道出版社,2000.

[4] 中华人民共和国铁道部. 铁路货运检查管理规则. 北京:中国铁道出版社,2006.

[5] 中华人民共和国铁道部. 铁路专用线专用铁路管理办法. 北京:中国铁道出版社,2007.

[6] 中华人民共和国铁道部. 货车篷布管理规则. 北京:中国铁道出版社,2007.

[7] 中华人民共和国铁道部. 铁路货物装载加固规则. 北京:中国铁道出版社,2006.

[8] 中华人民共和国铁道部. 铁路货运事故处理规则. 北京:中国铁道出版社,2003.

[9] 中国铁路总公司. 铁路货物损失处理规则. 北京:中国铁道出版社,2014.